Mein Kinderösterreich

Mein Kinderösterreich

Kindheitserinnerungen an Niederösterreich

Von Erwin Pröll und vielen anderen
kleinen und großen Niederösterreicherinnen
und Niederösterreichern

avBUCH

Es wäre doch ein wenig vermessen, wenn wir uns einbildeten, dass uns die Umgebung unserer Kindheit mehr geprägt hat als die Kindheit selbst. Ob wir glücklich oder scheu, reizbar oder mit innerer Ruhe gesegnet sind, hängt immer von den Eltern ab, oft von den Geschwistern, manchmal von den Freunden, niemals aber von den Grenzen, die man irgendwann, irgendwo gezogen hat.

Und doch wird es viele Österreicher und noch mehr Niederösterreicher geben, die felsenfest davon überzeugt sind, dass sich das Niederösterreichische in irgendeiner Form auf ihre Kindheit ausgewirkt hat. Aber was ist das Niederösterreichische? Das ist ganz einfach zu erklären: Das sind grüne Wiesen, Strandbäder, Wurstsemmeln, Fahrräder, Ruderboote, Klettersteige und Luftmatratzen, die genau so in einem anderen Bundesland existieren hätten können, sie haben aber eben in Niederösterreich existiert und deswegen repräsentieren sie in der Erinnerung das Niederösterreichische.

Für viele prominente Nichtniederösterreicher war Niederösterreich ein grünes Durchzugsland, das ihnen die nahende Heimat verheißen hat, andere haben ihre Sommerferien hier verbracht, sind mit den Schulschikursen Schi fahren gekommen oder haben Onkeln, Tanten, Großmütter, Großväter oder einheimische Freunde besucht. Wenn Niederösterreich ihnen nicht schon Heimat war, dann wurde es zumindest eine vorübergehende Wahlheimat, begrenzt vom Ferienanfang bis Ferienende, vom Lebensalter von Verwandten, der Beständigkeit von Plätzen oder Menschen und jener sorglosen Nestwärme, die man nur in den ersten Lebensjahren erfährt und später erneut erkämpfen muss.

Wenn sie sich heute zurückerinnern, dann an eine heile Welt, in der es nicht besser oder schlechter war, sondern anders, befreit von den Erfahrungen, Einsichten und Beurteilungen, die manche Erwachsenen daran hindern, ein Kind zu sein.

Ferien oder überhaupt das Leben als Kind in Niederösterreich, das war lehrreich, lustig, spannend, entspannend, abenteuerlich und fröhlich, ein Gefühl, das man unter dem Begriff Geborgenheit zusammenfasst und das bis heute Bestand hat. So leben viele prominente Autoren heute in Niederösterreich oder haben es als Zweitwohnsitz erkoren. Ich danke allen für die Mitarbeit und wünsche viel Spaß bei der Lektüre dieses Buches.

Karl Hohenlohe, Herausgeber

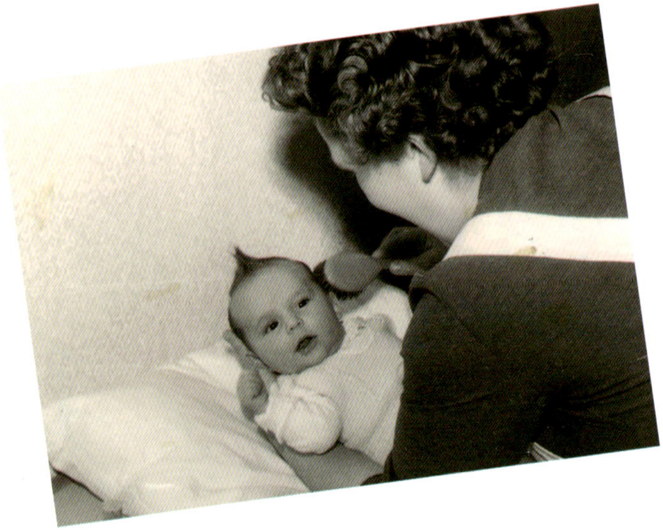

ulli Amon-Jell, Ostern 1960

Meine Kindheit verbrachte ich lustig und geborgen in unserem Gasthaus in Krems. Bin 1960 geboren, habe eine Schwester, Dagmar, 1958 geboren. Bei uns war's immer sehr lustig, meinem Vater gingen seine Töchter über alles!
Er machte alles für uns! Meine Schwester und ich vereinigten als Kinder unser Aquarium im Kinderzimmer, wir ließen die Zierfische einstweilen im Handwaschbecken schwimmen, auf einmal hat es einen Zierfisch in die Überlauflöcher des Waschbeckens gezogen, es hat nur mehr ein Auge vom Fisch herausgeschaut! Großes Geheule und Gejammere, unser Papi hat sein Gasthaus sein lassen, die Gäste mussten warten und er eilte sofort zu uns ins Badezimmer und kitzelte mit zwei Bleistiften den Fisch heraus. Freudig sind wir unserem Vati um den Hals gefallen!

200 Meter von unserem Gasthaus entfernt haben wir einen Garten – als ich Kind war, war der Garten noch etwas verwildert –, aber unser Vati hat uns einen Schlauch gelegt, hat eine Brause angeschlossen und diese in einen alten Zwetschkenbaum gehängt und drunter kam ein alter Rotweinbottich. So wurde dieser

mit Wasser gefüllt und wir hatten ein wunderbares Sommerparadies! Nichts kommt heute noch an das wunderbare dunkle Wasser im Rotweinbottich heran, wo hie und da ein paar Zwetschken drinnen schwammen, die vom Baum fielen, und mit Genuss von uns verzehrt wurden! Meine Eltern bauten dann einen Pool – sehr schön und modern! Ich vermisse meinen Rotweinbottich!!!!!!

Ich machte den Führerschein und bekam von Vati ein VW-Käfer-Cabrio! Papili ließ wieder mal das Gasthaus sein, wir (mein Vater und ich) zogen die Badesachen an und Vati sagte zur Mutti: „Wir kommen gleich wieder, Ulli und ich müssen schnell das Cabrio ausprobieren." Und so sind wir singend nach Zöbing in das wunderbare alte Kampbad gefahren, sind in den dunklen, kalten Kamp gesprungen, haben uns wunderbar erfrischt, haben die nassen Badesachen auf die Autoantenne gehängt wie eine Fahne und sind lustig und erfrischt nach Hause gefahren! Mutti – von uns und unseren Gästen immer sehr geliebt – hat mit Augenzwinkern Vatis Eskapaden immer mit den Worten akzeptiert: „Macht's nur, ich bin eh da!" Mutti hat immer mit ganzer Kraft das Gasthaus geschupft!!

Mutti war damals schon eine sehr aufgeschlossene und moderne Frau, ebenfalls in einem Wirtshaus mit

Landwirtschaft in Rossatz (Wachau) aufgewachsen! Sie wusste damals schon, wie man das Leben genießt! Wir fuhren immer nach Italien in den Urlaub; Vati hatte einen Opel Caravan und hinten dran haben wir immer unser Motorboot mitgehabt: Mein schönstes Erlebnis – mit dem eigenen Motorboot in Venedig durch den Canale Grande gefahren und dann beim „Cipriani" gegessen! Auf jedem Restauranttisch standen wunderschöne Obstschüsseln mit Trauben, Kirschen, Melonenspalten und Beeren. Vati natürlich, Witzbold wie immer, aß die Kirschen und ließ einige Kerne in die Luft sausen. An so manchem Tisch blickte man besorgt an die Decke mit den Kronleuchtern und diskutierte, ob sich vielleicht ein kleines Kristallsteinderl vom Luster selbstständig gemacht hat! Wir Kinder hatten natürlich wahnsinnig viel Spaß, Mutti war das sehr peinlich und Vati tat auch ganz überrascht, wo denn auf einmal diese „Steinderl" herkamen! Noch einmal zurück zu Mutti! Mutti hat damals schon, egal wo wir waren, wir waren auch sehr oft am Wolfgangsee auf Urlaub, als Dessert immer Käse gegessen, und Käse war ja vor 30 Jahren noch kein Thema in der Gastronomie! Mutti hat auch immer alles Mögliche (landestypische Gerichte) ausprobiert!

Maximilian

Fürnsinn, an der Traisen, 1944

Ministrantenkarriere oder der „Bethlehemitische Kindermord"

Viele Österreicher – so auch ich – haben eine Karriere als Ministrant hinter sich. Viele Erfahrungen und Erlebnisse meiner Kindheit verbinde ich damit.
Ein Erlebnis dieser Zeit: Ich war Ministrant in der Stiftskirche Herzogenburg. Unsere Ministrantengruppe wurde von einem sehr strengen und durchaus „schlagkräftigen" Kaplan geführt und geschult. Der Ministrantendienst hatte den Charakter eines militärischen Aufmarsches.

An einem Weihnachtstag gab es einmal ein ausgiebiges Hochamt mit Chor und Orchester. Für uns Buben viel zu lang. Die Solopartien von kreischenden Solistinnen haben uns zudem erheitert.
Wir fanden sehr bald unseren ungeistlichen Zeitvertreib. Wir saßen zu fünft oder sechst auf einer Ministrantenbank. Wir haben sehr bald angefangen, nach einer Seite anzuschieben, bis der Ministrant am Bankende hinuntergefallen ist. Die anderen Ministrantenkollegen lachten dazu. In den Augen unseres Ministrantenkaplans war das ein unverzeihliches Sakrileg. Nach dem Gottesdienst mussten sich 20 Ministranten in einer Reihe aufstellen und jeder bekam von Hochwürden eigenhändig eine „Detschn". Glücklich, wer gleich am Anfang drankam – die Letzten hatten zum Schlag auch noch lange seelische Qualen zu erleiden. Ein anderer Priester gab dazu den Kommentar ab:
„Mir scheint, in der Ministrantensakristei ist schon zu Weihnachten der Bethlehemitische Kindermord ausgebrochen."

Barbara

Stöckl, Ferien am See, 1968

Urlaub in Niederösterreich

Gerne erinnere ich mich an meine Stamma Oma. Diesen Kosenamen hatte sie deshalb, weil sie in Stammersdorf gewohnt hat. 21. Wiener Gemeindebezirk, Floridsdorf, knapp an der Stadtgrenze. Ich habe es geliebt, sie zu besuchen, mit ihr durch die Gassen zu spazieren, in die Bäckerei einkaufen zu gehen, in der es so geduftet hat, wie es nur an diesem einen Ort auf der ganzen Welt geduftet hat. Danach ein kurzer Abstecher in die Trafik, an besonderen Tagen bekam ich dort eine Pappkarton-Anziehpuppe zum Ausschneiden. Bei der Stamma Oma war alles immer tipptopp, sauber, aufgeräumt, liebevoll und es gab immer viel und köstliches Essen: Einzigartigen Schokoladepudding, der ins Fenster gestellt wurde, um ihn vor den gierigen Mäulern zu retten, bevor er es noch geschafft hat, fest zu werden. Bei Stamma war immer alles „vorbereitet", alles lag und stand bereit, und zwar für jeden möglichen Fall: Es gab zu essen, zu spielen, anzuziehen. Denn dann musste Stamma weg. Wenn sie sagte: „Ich muss nach Königsbrunn. In Niederösterreich!", dann wusste ich, dass sie erst viele Stunden später wieder kommen würde. Niederösterreich war ein anderes Land. Und das war weit weg. Da musste sie zur Bushaltestelle radeln, dann den Bus besteigen und zu der Familie fahren, bei der sie im Haushalt half, um ein paar Schilling zu verdienen. Niederösterreich war also so etwas wie „Feindland", denn für wenige Stunden hat es mir meine kuschelige, liebevolle, aufgeräumte Oma entzogen. In diesen Stunden hab ich also dann mit Opa das vorbereitete Essen gegessen, das hergerichtete Gewand angezogen, die Pappkarton-Anziehpuppe ausgeschnitten und ihr verschiedenste Kleidungsstücke angeheftet und schließlich den inzwischen festen Schokoladepudding verspeist. Dann sind wir in den kleinen Garten und haben gewartet, bis sie zurückkommt – aus Niederösterreich. Erst viele Jahre später sollte ich erfahren, dass man in Niederösterreich nicht nur arbeiten kann!

Felix

Dvorak, mit Teddybär, 1938

Zu Niederösterreich habe ich als gebürtiger Wiener einen nachhaltigen Bezug, war es doch in meiner Kindheit, die ich in glücklicher Armut verlebte, das Ziel meiner sehnsuchtsvollen Träume. Schon als Kind sehnte ich mich nach einem Leben „auf dem Land".
Nachdem ich mit meinen Eltern niemals irgendwelche Ferien der üblichen Art erlebt habe, dazu fehlte einfach das Geld, fuhren Vater, Mutter und Sohn Felix sobald die warme Jahreszeit da war, jeden Sonntag ins Grüne. Entweder mit der Stadtbahn nach Hütteldorf-Hacking und von dort mit dem so genannten Pendler ins niederösterreichische Purkersdorf oder mit dem 60er und sodann mit dem 360er nach Mödling, von wo wir die ganze Raimund'sche Gegend bewanderten. So auch einmal am Fuße der Burg Liechtenstein, wo auf einer Wiese sowjetische Besatzungssoldaten, kahl rasiert, in Uniformhosen und mit nacktem Oberkörper, Fußball spielten. Wir wanderten vorbei, als plötzlich der harte Ball gegen meinen Hinterkopf knallte und ich, von der Wucht des Aufpralls überrascht, vornüber auf die Nase fiel. Ein wenig Nasenbluten war die Folge. Sofort kamen Soldaten hergelaufen, hoben mich auf und brachten wortreich unverständliche Entschuldigungen vor. Einer streichelte mich sanft und ein anderer holte aus seiner Tasche eine angefangene Packung Zigaretten und schenkte sie meinem Vater.
Es waren überraschenderweise keine Machorkastängel, sondern Lucky Strike und Vater strahlte: „Da müss ma öfter vorbeigehn, vielleicht krieagt der Bua noch einmal einen Ball auf den Plutzer!"

Vera

Russwurm, Annaberg, Ostern 1966

„Na komm, gib sie mir", sagt die tiefe freundliche Stimme ober mir. Dankbar schaue ich kleiner Knirps auf zu der großen, schlanken Frau. Sie ist meine Schilehrerin, die Liese. Sie schultert meine Kinderschi, mit denen ich mich so schrecklich abgemüht habe, und lächelt mir aufmunternd zu: „Ist ja nicht mehr weit, Vera, das schaffst du schon!"

Wir gehen zum unteren Pfarrlift, der ein bisschen außerhalb vom Ort Annaberg liegt. Zu Fuß natürlich. So wie wir auf der anderen Seite des Ortes – dort wo sich heute die Anlage mit den drei Reidliften stolz präsentiert – noch zu Fuß im „Seitwärtsschritt" die Hänge hinaufgestiegen sind. Und Schi fahren wirklich gelernt haben. Nach der alten Schule und unter den strengen Blicken und dem lauten Organ von Schischulleiter Gunnar.

Liese und Gunnar Prokop – diese beiden sind untrennbar in meiner Erinnerung mit Annaberg (Nähe Mariazell) verbunden. Dort, wo mein Bruder Heinz und ich Schi fahren gelernt haben; dort, wo ich mich über diverse Leistungsabzeichen vermutlich weit mehr gefreut habe als Hermann Maier über einen dritten Platz in einem Weltcuprennen.

Annaberg! Der Mayr am Hauptplatz – wieso bringt der Kellner die Suppe in einem silbernen Häferl und gießt sie erst am Tisch in meinen Suppenteller, wieso kann er nicht gleich die Suppe im Suppentopf bringen?

Die Pension Hofmaier, wo wir immer die Oster- und Weihnachtsferien verbracht haben und wo ich von anderen Kindern erfahren habe, dass das Christkind nur den Baum, aber die Eltern die Geschenke bringen.

Und unsere große „Schneeterrasse", wo wir herausgefunden haben, dass es keine gute Idee ist, wenn man versucht, einen selbstgebauten Iglu mit Feuerzeug und Haarspray zu erwärmen.

Annaberg! Das war eine Gruppe der immer gleichen Kinder; eine glückliche, verschworene Oster- und Weihnachtsclique und dazwischen Liese Prokop, die spätere Innenministerin und damalige Silbermedaillengewinnerin im Fünfkampf 1968 bei den Olympischen Sommerspielen in Mexico, die im vollgerammelten Saal vom Mayr am Hauptplatz ihre Erlebnisse bei den Olympischen Spielen schildert und dabei alle Anwesenden in Staunen und Begeisterung versetzt. Und in Klein-Vera den Wunsch erweckt, eines Tages auch einmal ganz viele Menschen in Staunen und Begeisterung zu versetzen ...

Alfred

Komarek, mit Großvater, 1953

Übergrößen

Ich hatte nie Glück bei Preisausschreiben, aber nein, einmal ja doch, und das auch noch ganz ordentlich: In den frühen 50er Jahren gewann der Volksschulknabe K. einen dicken Bildband mit schwarz-weißen Fotos aus Österreich. Das also war sie, die große weite Welt! Eines der Bilder übertraf alle anderen an rätselhafter Fremdartigkeit. Es zeigte ein gewaltiges Bauwerk im weithin ebenen Land, das Heidentor bei Petronell. Also gut, Heiden waren arme Negerkinder (diese Bezeichnung galt in den 50er Jahren als politisch durchaus korrekt) vor dem Missionsschulalter. Aber wozu brauchten die so ein großes Tor, noch dazu eines mit nichts als Gras und Himmel ringsum? Andererseits ... aus dem Sagenbuch kannte ich Triumphtore: Die standen auch irgendwie in der Gegend herum und waren auch recht groß. Na klar, Ross, Held, Krone und Triumph mussten hineinpassen. In meinem Kopf entstand demnach ein Furcht erregend riesiges Negerkind, hemmungslos gekrönt, auf schwarzem Riesenrosse, von dunkelschwarzem Triumph umwölkt. Das aber ließ mein Vater, der auch noch Lehrer war, nicht gelten. Triumphiert hätten wohl eher die damals schon christlichen Römer über die Heiden, meinte er. Aus den Römern seien dann später die Italiener geworden und aus den Heiden Österreicher, so ungefähr, wenigstens. Und nicht nur das Heidentor sei uns Österreichern heutzutage ein paar Nummern zu groß, fügte er grinsend hinzu, und ging, um weiteren Fragen zu entgehen.
Im Jahr darauf ist er übrigens zum Schuldirektor befördert worden.
Die Tür zum Direktionszimmer war ein paar Zentimeter höher als die anderen Türen.

Lisl

Wagner-Bacher, Annaberg 1964

Mit Freuden denke ich an die Zeit meiner Kindheit zurück.
Da mein Vater blind war, musste meine Mutti 1956 den Führerschein machen. Es wurde ein Opel Caravan gekauft und los ging's mit unseren Ausflügen am Ruhetag.

Im Frühling fuhren wir zum Schneerosenpflücken in die Luft (heißt so und ist bei Kirchberg/Pielach) oder ins Weitental, da gab es die schönsten Himmelschlüsserl. Ein Anziehungspunkt war auch Maria Taferl mit der schönen Kirche, der mechanischen Krippe und dem Kollegen Schachner – zum Mittagessen. Es gäbe noch viele Plätze zum Aufzählen. Aber am schönsten waren die Badeausflüge nach Schönberg am Kamp oder zum Ottensteiner Stausee.
Vor allem wurde da immer was zum Essen und Trinken mitgenommen. In bester Erinnerung sind da die warmen Backhenderl mit Erdäpfelsalat, Obst wie Kirschen, Marillen ... Alles duftete im Auto schon so gut, dass wir nach der Ankunft am Badeteich nicht mehr länger warten wollten auf unser Picknick. Vati sagte da immer zu uns: „Die anderen werden sich denken – schaun eh gut aus und essen schon wieder!"

In der Zwischenzeit habe ich drei Enkerl und ich habe fest vor, mit ihnen dieselben Ausflüge und Picknicks zu machen. Damit auch sie unsere Heimat Niederösterreich richtig kennen lernen.

Erwin

Pröll, erster Schultag, 1952

Es war eine sehr vertrauensvolle Aufgabe, die mich mit großem Stolz erfüllte. Ich war der Geldbote meiner Eltern, zumindest erschien es mir so. Vorsichtig steckte ich den 20-Schilling-Schein in das Büchlein, verstaute alles auf dem Gepäckträger meines Fahrrades und schon war der gut gesicherte Geldtransport auf dem Weg zum Sparverein im Radlbrunner Gasthaus. Bisher hatte das wunderbar geklappt, aber diesmal war alles anders. Vielleicht war es kindliche Unachtsamkeit, wahrscheinlich aber die Aufregung vor dem heutigen Kirtag, dem eigentlichen Jahreshöhepunkt aller Radlbrunner Buben. Als ich jedenfalls im Gasthaus ankam, war der Zwanziger verschwunden. Er hatte sich in Luft aufgelöst, war irgendwo entflogen, genauso wie die Träume vom Kirtag und ich radelte verzweifelt und zutiefst zerknirscht nach Hause. Das würde ein ordentliches Donnerwetter geben, der Zwanziger weg, mein mühsam Erspartes, die so

Vater und Mutter, großer Bruder und kleiner Erwin

sorgsam gehegten Reste des Taschengeldes, würden für die Deckung des Schadens herangezogen werden, der Kirtag, die Schaumrollen, die Zuckerschlecker, Luftballons und Laugenbrezeln und die so heiß begehrten Lose, die wieder die Hoffnung auf neue Wunder weckten – alles für immer verschwunden. Die Mutter hörte sich das Ganze in Ruhe an, fischte einen neuen Zwanziger aus ihrem Geldbörsel, wieder wurde ich in das Gasthaus entsandt, diesmal gelang die Übergabe und dann die Sensation: Mein Erspartes blieb unangetastet. Es gab viele Kinder in Niederösterreich, es gab auch viele Kirtage in Niederösterreich, aber dieser eine Radlbrunner Kirtag 1954 beherbergte das glücklichste Kind, das jemals einen Kirtag besucht hat und war natürlich der schönste Kirtag, der jemals in Niederösterreich stattgefunden hat.

Karlheinz

Hackl, schon damals im Theater, Wien 1952

Als Kind ist Karlheinz Hackl einmal nach Gars gekommen.
Eine Beziehung, die ihn nie wieder losgelassen hat:

„Ja, ich habe dann sogar ein Jahr in Gars am Kamp gelebt und hatte ein Horner Kennzeichen.
Ich habe in Wien studiert und habe dort einen Freund kennen gelernt, den Kiennast von Gars am Kamp, der hat Handelswissenschaft studiert und ich Betriebswirtschaft und so haben wir uns kennen gelernt.
Ich war verlobt in Gars am Kamp mit einer Wienerin, die mit ihren Eltern dort gelebt hat – und so kam ich nach Gars.
Auch während meiner Krankheit war ich oft in Gars und habe dort bei meinem Freund Herbert Kiennast gewohnt. Die Verlobte hat später geheiratet, zwei Kinder gekriegt und ich habe eben meinen Freund Herbert.
Und deswegen habe ich zu Gars, zum Waldviertel, so eine enge Beziehung.
Das ist ganz eine schöne Gegend, wunderschön. Ich habe dort auch ein Haus, in dem heute mein 86-jähriger Vater lebt und immer sagt, dass er dort der Hausmeister ist.
Vor fünf Jahren war das Kamptal überschwemmt und alles unter Wasser, davon ist heute auch nichts mehr zu sehen. Damals hat Erwin Pröll sich sehr persönlich um die Betroffenen gekümmert und das hat er wirklich toll gemacht. In diesem Gars wohnt ja auch die Mendt, die wohnt ganz in der Nähe von meinem Haus. Sie hat auch ein Haus von der Firma Brauchl, ein Fertigteilhaus, so wie meines. Und der Herr Brauchl hat vor zehn Jahren aufgehört und züchtet seitdem nur noch Fische, diesen Alpenlachs züchtet er. Mein Brauchl-Haus ist ohne Keller, das von der Marianne ist mit Keller und sie ist gern draußen. Das Haus habe ich seit 24 Jahren, zur Geburt meiner ersten Tochter habe ich dieses Haus gekauft. Lange nach der ersten Verlobten – ich habe dann ‚wirklich' geheiratet und irgendwann zum Fasching waren wir draußen und haben gesagt, eigentlich wäre es schön, da zu wohnen. Und dann hat mein Freund, eben wieder der Herbert, gesucht und dann haben wir einen Grund gefunden, damals 50 Schilling der m^2, heute ist er wahrscheinlich 300 Schilling wert der m^2, ich weiß es nicht. Und dann haben wir dort eben ein Fertigteilhaus hingestellt. Alles hat sich verändert, aber meine Freundschaft zum Kiennast aus Gars nicht."

Andreas

Maurer, mit Schwester Theresa
(am Wagen) und Bruder Josef
(auf der „Goaß")

Ich bin im Jahr 1919 in Trautmannsdorf/Leitha geboren.
Meine Jugend verbrachte ich auf dem elterlichen Bauernhof, wo ich mit Eltern, Großmutter und zwei Geschwistern aufwuchs. Mich interessierte vor allem das Geschehen in der Landwirtschaft und frühzeitig war ich bereits bei Feldarbeiten mit dabei. Natürlich wurde im Hof gespielt und Unfug getrieben, Ziegen und Schweine waren beliebte Spielpartner.

Ich war etwa neun Jahre alt, da schickte meine Mutter mich und meinen Bruder in die Scheune, um Brennholz zu holen.
Stattdessen nahmen wir die Hacke und spalteten einige Holzscheite.
Dabei hackte mir mein Bruder durch eine Unachtsamkeit den Ringfinger der rechten Hand der Länge nach durch.
Dieser verkrümmte Finger hat mir später als Soldat beim „Salut“ so manche Rüge bereitet.

In meiner Erinnerung sind noch so manche Sorgen der Mutter.
Von einer Feldarbeit heimgekehrt, musste sie erleben, dass mein Bruder und ich am Scheunenfirst barfuß spazieren gingen. Die

erste Begegnung mit einem Gebirge: Meine Schwester war an Keuchhusten erkrankt und in Edlitz in der Buckligen Welt auf Erholung. Meine Eltern, mein Bruder und ich fuhren mit der Bahn aus unserer ebenen Heimat im Osten Niederösterreichs zu ihr auf Besuch. Wir mussten einige Male umsteigen und bei jedem Umsteigebahnhof gab es ein Paar Frankfurter.
Für meinen Bruder und mich etwas Besonderes – wo hätte es zu Hause je Frankfurter gegeben?
In Wiener Neustadt erwartete uns ein Fahrzeug, das sich „Autobus" nannte und brachte uns nach Edlitz. Wir Flachländer waren von dieser gebirgigen Gegend vollkommen begeistert – es war meine erste Begegnung mit der Buckligen Welt.

Ab meinem sechsten Lebensjahr war ich Ministrant, musste täglich mit meiner Großmutter in die heilige Messe gehen und auch ministrieren. Wir hatten einen herzensguten alten Pfarrherrn, der aber sehr jähzornig war.
Weil wir als Ministranten den Wein, der bei der Opferung mit Wasser gemischt wird, sehr vorsichtig dazugaben (den Rest haben wir nach der Messe selbst ausgeschlürft), wurde der Pfarrherr zornig, stellte den Kelch auf den Altar, nahm mich mit der linken Hand beim Haarschopf und gab mir eine

schallende „Watschn". Dann zischte er:
„Und jetzt schenkst ein!"
Wer glaubt, dass ich das meinen Eltern erzählt habe, der täuscht sich. Da hätte es noch eine Strafe geregnet.
Ich weiß, dass dem Pfarrer die Ohrfeige leid tat, denn nach der Messe umarmte er mich und sagte: „Seids ja eh meine lieben Buamalan!"

Sofort nach Schulaustritt bekam ich mit 14 Jahren ein Paar Pferde und einen Pflug und fuhr aufs Feld ackern. Die Pferde wussten genau, wer da hinten den Pflug lenkte. Es dauerte lange, bis sie sich an den neuen Kutscher gewöhnten.

Ich denke gerne zurück, dass ich bereits mit zehn Jahren Violine spielte, und in meinem Repertoire sind an die 100 Lieder, die ich bis zum heutigen Tag im Kreise meiner Familie spiele.
Auch das Mitspielen bei der Ortsmusik mit dem Bassflügelhorn machte mir Freude und bereits als Jugendlicher durfte ich mit Genehmigung des Oberlehrers bis Mitternacht bei Tanzmusik mit der Tanzkapelle mitspielen.

Rudi

Buchbinder, Wien 1952

Für den gebürtigen Wiener Rudolf Buchbinder war Niederösterreich ein nicht immer ungefährliches Sommerferien-Paradies:

„Ich habe sämtliche Sommer meiner Kindheit in Niederösterreich verbracht. Mit stunden-, ja tagelangen Wanderungen gemeinsam mit meiner Mutter, meinem Bruder und den Verwandten. Wir sind damals auf die Rax, den Schneeberg, das Preiner Gscheid – und alles zu Fuß! Die schönsten Erinnerungen daran sind die Übernachtungen bei grausigstem Wetter auf den Berghütten.

Dann habe ich als Jugendlicher viele Sommer in den Kinder- und Jugendcamps verbracht, in Seebenstein oder in Wieselburg. Und da kann ich mich an eine traurige Geschichte, die Gott sei Dank nicht traurig ausgegangen ist, erinnern:

Wir sind alle, die ganze Gruppe, das waren natürlich Dutzende Kinder damals, in das öffentliche Bad im Dorf gegangen. Ich konnte nicht schwimmen, was keiner wusste.

Ich weiß nicht mehr ob ich hineingestoßen wurde oder ob ich hineingefallen bin, ich kann mich nur akribisch genau erinnern, wie ich unten am Boden des Schwimmbeckens sitze und mich nicht rühren konnte, weil ich eben nicht schwimmen konnte.

Und ich wäre schon beinahe ertrunken und sehe noch wie jemand hineinspringt und mich vom Boden hinaufzieht und mir damit das Leben gerettet hat. Ich weiß bis heute nicht, wer das war, aber es war ein Erlebnis, das ich niemals in meinem Leben vergessen werde."

Erika

Pluhar, Sittendorf 1947

Die Apfelkammer

Es war kurz nach Ende des Zweiten Weltkriegs, ich war ein etwa sechsjähriges Mädchen, ging leidenschaftlich gern und im ersten Jahr zur Schule, und hatte immer Hunger. Nicht, daß meine Mutter es uns Kindern an etwas mangeln ließ, aber die Nachkriegszeit hatte uns in ihren Fängen, es war eine alles andere überlagernde Aufgabe, Nahrung aufzutreiben, und da ich schnell wuchs, war mein Appetit unersättlich. In der Straßenbahn, auf der Fahrt zu meiner „großen Oma" (so nannten wir sie, die unbeugsame, energische, aber auch musische Frau) hätte ich ein Mädchen, das neben mir einen Apfel aß, vor Heißhunger liebend gern ermordet, um diesen Apfel an mich reißen zu können.

Nachdem ich ihr davon erzählt hatte, nahm meine große Oma mich eines Tages mit nach Sittendorf, damals wirklich ein kleines, abgelegenes, niederösterreichisches Dörfchen. Es lag unweit von Krems, aber im Gegensatz zur heutigen Verkehrslage brachte uns eine mir endlos

erscheinende Bahnfahrt dorthin. Die Oma half hier in einem großen Bauernhof immer wieder aus, um dann, nach einigen arbeitsreichen Tagen, mit einem Rucksack voller Nahrungsmittel nach Wien zurückfahren zu können. Speck, Eier, Brotlaibe, sogar Butter und Schmalz, all das brachte sie nach Hause mit. Dafür nähte und flickte sie, half auf dem Feld, paßte auf ein Kleinkind auf, tat alles, was von ihr verlangt wurde, wie eine Magd. Aber man war freundlich zu ihr, und ich liebte das Landleben sofort. Den Hof mit seinen vielen Tieren, die sanfte, friedliche Landschaft, und vor allem meine Gewißheit, daß der Krieg vorbei war. Alles, was man mir vorsetzte – und man setzte mir reichlich Essen vor –, verschlang ich und fühlte mich dabei wie im Paradies.
Nicht lange nach unserer Ankunft führte die große Oma mich eine Treppe hoch, öffnete eine Holztüre, und ich stand in einem großen, weißgekalkten Raum, den ein unbeschreiblicher Duft erfüllte. Berge der herrlichsten Äpfel lagen dort ausgebreitet. „Das ist die Apfelkammer",

sagte die große Oma, „hier halten sie sich gut. Du kannst dir jederzeit Äpfel nehmen und mußt deswegen niemanden ermorden, die Bäuerin erlaubt es dir gern." Sie ging, und ich setzte mich auf die Holzbohlen in dieser wundersamen Kammer, sog den Apfelduft ein, und wählte genüßlich die Exemplare aus, die ich zu verspeisen gedachte. Jeder Apfel schmeckte ein wenig anders, aber alle Äpfel, die ich aß, schmeckten mir auf unbeschreibliche Weise gut. Ich saß lange in der Apfelkammer. Beim Abendbrot konnte ich mich nicht an den gemeinsamen Tisch setzen. Da saß ich anderswo, und das die halbe Nacht lang. Am nächsten Morgen lachte die große Oma. „Siehst du", sagte sie dann, „zu wenig ist nicht gut, aber zu viel ist um nichts besser. Merke dir das. Lerne Maß halten, das wird deinem Leben gut tun."
Ich habe es mir gemerkt.

Sepp

Forcher, in der Wengerau, 1941

Als Kind hatte ich keine Ahnung von Niederösterreich. Ich wuchs in Südtirol auf und von meinem 10. Lebensjahr an in Werfenweng auf einer Schutzhütte im Tennengebirge. Jahrelang habe ich mir eingebildet, einer der gründlichsten Kenner der Werfenwenger Berge zu sein, bis mir Erwin Pröll bewies, dass er mit Frau und Kindern die meisten „meiner" Gipfel ebenfalls bestiegen hat. Die Familie Pröll verbrachte viele Urlaube in Ellmau bei Werfen und oft kamen sie bei ihren Bergwanderungen in der Wengerau bei diesem kleinen Häuschen vorbei. Sie nannten es das Hexenhäusl und die Pröllkinder waren recht neugierig, wie es wohl innen ausschauen könnte. Viele Jahre später besuchte der mittlerweile zum Landeshauptmann von Niederösterreich gewählte Erwin Pröll wieder einmal Werfenweng und dieses Mal konnte er das Hexenhäusl inwendig sehen und er staunte sehr, als er erfuhr, dass der Besitzer ein guter Freund von ihm und seiner Familie ist. Nämlich ich.

Rainhard Fendrich, Tribuswinkel 1957

Oma „Winkel"

Wenn man mich nach meinen schönsten Kindheitserinnerungen fragt, fallen mir unweigerlich die endlosen Sommer bei meiner Oma „Winkel" ein. Sie lebte in einem kleinen Häuschen in Tribuswinkel bei Baden. Als Knirps konnte ich „Tribus" noch nicht aussprechen, daher: Oma „Winkel". Tribuswinkel hat seinen Namen angeblich von einem römischen Tribun, der hier gelebt haben soll. So erzählte es zumindest meine Großmutter. Es war ein kleines Dörfchen zwischen Traiskirchen und Baden und die Reise von Wien mit der Badenerbahn war schon ein unglaubliches Erlebnis. Sie wohnte in der Doragasse 7 gleich nach dem Bahnübergang links und die zweite Straße rechts. Ich weiß das so genau, weil ich von meinen Eltern bei der Kennedybrücke in die Bahn gesetzt wurde und dann mit meinem Köfferchen alleine zum Haus meiner Großmutter gehen durfte.

Ich fühlte mich mit fünf Jahren unglaublich erwachsen. Es lag eine unglaubliche Ruhe über dem Dorf, die nur hie und da von der Sirene der „Semperit-Reifenfabrik" gestört wurde. Kaum bog ich in die Doragasse ein, begrüßte mich schon unser Foxl „Scherry".

Das war dann immer das Startzeichen für Ferien im Paradies mit Hühnern, Hasen und Millionen von Schmetterlingen, die auf kunterbunten Blumenwiesen tanzten. Die große Attraktion war immer, wenn mein Großvater mit seinem Rad aus der Reifenfabrik nach Hause kam und seinen ganzen Stolz, einen schwarzen Opel P4, aus der Garage schob. Ich durfte den Zündschlüssel umdrehen und fand es besonders amüsant, ihn fluchend das Auto ankurbeln zu sehen. Dann ging es nach Baden in den Eissalon. Nur eine Kugel, weil Oma „Winkel" wartete schon mit dem Abendessen. In Baden angekommen, bewunderten wir die erste und einzige Verkehrsampel. Ich höre noch heute meinen Opa sagen: „Das wird sich nie durchsetzen, Bub, denk an meine Worte." Dann fuhr er bei Rot über die Kreuzung und zahlte sein erstes Strafmandat. Baden hat sich seither sehr verändert, auch Tribuswinkel ist nicht mehr das verträumte Dörfchen, aber jedes Mal, wenn ich an dieser Kreuzung stehe, kehren die Bilder meiner Kindheit wieder, die ich nie vergessen werde.

Christian

Konrad, ganz vorn mit Laterne, Ostern 1950 in Obersdorf bei Wolkersdorf

Der Zölibat, die heilige Katharina und Christian Konrad

Da lag sie nun, die heilige Katharina. Der Körper in viele Teile zerbrochen, der Kopf neben dem Blütenkopf der Lilie, die Perlen des Rosenkranzes weit verstreut. Ich hatte ganze Arbeit geleistet. Für halbe Sachen war ich schon als Elfjähriger nicht zu haben. „Aber Christian!", die Stimme unseres Pfarrers tönte dunkel und vorwurfsvoll durch die Pfarrkirche von Laa an der Thaya. Schuldbewusst senkte ich den Kopf. Blinzelte dann aber verstohlen doch wieder hoch, schnell genug, um das Augenzwinkern von Dechant Pischinger zu sehen. Der warf noch einen Blick auf die Bescherung, drehte sich schnell um, und schritt mit wallendem Talar und irgendwie beschwingt wieder hinüber zum Beichtstuhl. Aus dem war er wenige Augenblicke vorher, nach dem großen Krach, den die große Gipsfigur der Heiligen Katharina von Siena beim Aufprall auf dem Kirchenboden verursacht hatte, herausgestürmt.

Ich blickte noch einmal zufrieden auf die Reste der heiligen Katharina. Sie hatte von dem kleinen Seitenaltar immer besonders leidend auf uns Ministranten heruntergesehen. „Scheußliche Gipsfigur!", war der Standardsatz von unserem Pfarrer, wenn er dort vorbeigegangen ist. Aber die treue Fangemeinde des Ortes hatte die Heilige, die gegen Kopfschmerzen und Pest angerufen wird, immer vor dem Dachboden des Pfarrhauses bewahrt, auf den sie der Pfarrer gern verräumt hätte.

Und so kam es, dass ich zum ersten Mal in meinem Leben Partner in Sachen Verschönerung einer Kirche wurde. Nach der Frühmesse hatte unser Pfarrer mich kurz auf die Seite genommen und gemeint, ich sollte doch so nett sein, die Figur vom Altar zu heben und, wenn dabei „etwas passieren sollte, dann kann man halt nichts machen …!"
Der fragend verschwörerische Blick wäre nicht notwendig gewesen. Ich hatte verstanden. „Aber Christian!", der zufriedene Unterton unseres Pfarrers war für mich eine schöne Bestätigung.

Die Zeit als kleiner Ministrant war für mich – nicht nur aufgrund dieses Erlebnisses – sehr prägend, der Gedanke Priester zu werden, war damals sehr präsent. Allerdings ist mir dann im Zuge des Erwachsenwerdens durchaus klar geworden, dass meinetwegen der Zölibat nicht abgeschafft wird, und damit war der Weg zu Raiffeisen frei.

Rosemarie

Isopp, mit kleiner Schwester, 1938

Wenn ich mich recht erinnere, war ich etwa zehn Jahre alt und ein recht fantasievolles Kind. Ständig träumte ich davon, in einer Burg wohnen zu können. (Ein Wunsch, der sich leider bis heute nicht erfüllt hat.)
Eines Tages nahm meine Tante mich mit nach Baden bei Wien. Dort hatte sie eine Freundin, die sie gern besuchte. Schon die Fahrt mit der Badner Bahn war ein Erlebnis für mich. Und dann erst der prächtige Kurpark! Wie ein großer Wald ist er mir vorgekommen. Die beiden Damen spazierten plaudernd dahin. Das war recht langweilig. Ich bekam die Erlaubnis, vorauszulaufen. Ein schmaler Weg führte mich bergauf. Plötzlich stand ich in einer wilden, felsigen Landschaft.
Steinige Blöcke, Gruben und hohe Bäume. Menschenleer. Sofort begann meine Fantasie zu arbeiten: hier der Söller, dort meine Kemenate, ein umgefallener Baum war die Zugbrücke, eine Grube das Verlies, in das ich alle sperren würde, die ich nicht leiden konnte. Ich war überwältigt! Das war m e i n e Burg – ich hatte sie gefunden! Langsam kamen die Plaudernden nach. Jubelnd zeigte ich meinen Besitz. Stolz führte ich sie durch m e i n e Festung. Aber – sie lachten und nützten die Gelegenheit zur Belehrung: es sind typische Kalkfelsen, wie sie am Ostrand des Wienerwaldes üblich sind, bewachsen mit charakteristischen Schirmföhren. Es gibt auch tatsächlich in der Nähe romantische Burgruinen, doch da müsste ich schon noch ein gutes Stück weiterwandern. Da war ich sehr traurig. So viel Unverstand hatte ich nicht erwartet.
Ich beschloss, niemals erwachsen zu werden, denn Erwachsene können nicht wahrnehmen, was Kinder sehen!
Nun bin ich schon lange erwachsen. Oft noch wandere ich durch den wundervollen Badener Kurpark, auf der Suche nach m e i n e r Burg. Doch ich finde nur romantische Kalkfelsen, bewachsen mit charakteristischen Schirmföhren ...

Peter

Rapp, im Herbst 1948

Ein Zeltlager in Schönberg am Kamp!
Das versprach Abenteuer und schöne Stunden unter dem Sternenzelt. Mit der katholischen Jungschar von St. Stephan war ich auf einigen solcher Lager.
Übrigens auch mit den „roten Falken". Einen Unterschied in der Entwicklung habe ich bei mir nie festgestellt. In beiden Fällen waren wir Kinder der Nachkriegszeit, für die Ausflüge viel Spaß und Abwechslung bedeuteten.

Kamptal! Das klang exotisch und weit weg von Wien. Heute kenne ich nahezu jeden Ort in Österreich. Sogar „Kleinklein" neben „Großklein" in der Steiermark. Aber damals schien noch alles weit weg vom Wohnbezirk.

Auf einem Platz unterhalb der Burg – oder war es eine Ruine? – wurde das Lager aufgeschlagen. Hauszelte, die jeweils vier Buben ausreichend Platz boten. Schlafsäcke aus Daunen, die kannten wir nur aus Ami-Shops, in denen die

US-Armee ausrangierte Armeebestände verkaufte. Wir hatten Decken und froren erbärmlich. Pfingsten schien fürs Zelten nicht die ideale Jahreszeit zu sein. Es regnete in kurzen Abständen drei Tage durch. Immerhin konnten wir an einem Abend genügend trockenes Holz zusammentragen, um ein Lagerfeuer zu machen. Und anschließend in der Glut Kartoffel und Maiskolben braten.

Die Nahrung erscheint mir deshalb erwähnenswert, weil sie – wie sich später herausstellte – in den kindlichen Gedärmen zu Unruhe führte. Nicht in meinen und die meines besten Freundes Peter, aber in denen von Bruno. Der schlief mit uns als Dritter im Zelt. Bruno war der Sohn eines Hausmeisters, der auf die Frage des Lehrers: „Welchen Beruf hat dein Vater?", antwortete: „Tischler ist er nicht!"
Eine Antwort, deren Sinn mir auch heute noch unverständlich ist.

Also dem Bruno bekam die Kombination aus Feuchte und Wärme überhaupt nicht gut.

Auf die Details will ich nicht näher eingehen. In dem engen Hauszelt, in dem wir dicht aneinander lagen, um nicht so zu frieren, wurde die Luft unerträglich. Den Großteil der Nacht verbrachten zwei von uns im Freien, während Bruno friedlich im Zelt schlief.

Mag sein, dass dies nicht eine der wichtigsten Geschichten über das frühe Niederösterreich ist. Aber durch Bruno ist mir Schönberg am Kamp im wunderschönen Kamptal unvergesslich geblieben. Viele Jahre später las ich über Gars am Kamp und den berühmtem Willi Dungl.
Der hätte sicher ein Kraut für unseren Bruno gekannt.

Sissi

Pröll, im Park, 1951

Der Sonntag war in meiner Kindheit der wichtigste Tag der Woche. Am Sonntag durfte ich die Grenzen von Wien überschreiten und fuhr zuerst mit dem D-Wagen und dann mit dem Autobus in ein weit entferntes, wunderbares Land. Was heißt „weit entferntes, wunderbares Land"? Eigentlich war es das Paradies und das Paradies firmierte seinerzeit unter dem Begriff: „Strandbad Klosterneuburg". Nachdem die Eltern meiner Freundin auch noch eine eigene kleine Holzhütte im Paradies besaßen, empfand ich mich als vom Glück ganz besonders gesegnet. Selbstverständlich wurden wir in Wien mit Proviant losgeschickt und einmal war es ein Reisfleisch, das wir zum Aufwärmen mitbekommen haben. Ich war so aufgeregt, dass ich in Klosterneuburg ohne zu schauen aus dem Bus sprang, von einem Auto gestreift wurde, das Reisfleisch schoss in die Höhe und fiel wie hunderte kleine Meteoriten auf die Erde zurück. Mir ist zum Glück nichts passiert, aber das Reisfleisch war unbrauchbar und ich bin mir nicht sicher, ob es mir damals umgekehrt nicht lieber gewesen wäre. Für uns, die wir noch nie am Meer waren, hatte dieser Nebenarm der Donau nur wenig mit der Donau zu tun. Es gab diesen riesigen Sandstrand, es gab Wasser- und ein Sandstrand und Wasser ließen damals für ein Kind nur einen Schluss zu:

Wir waren am Meer. So war ich als kleine Wienerin nur einen Katzensprung vom niederösterreichischen Meer entfernt und ich weiß noch genau, wenn man die Augen zugemacht hat und sich wirklich sehr konzentrierte, hat das Wasser sogar ein bisschen salzig geschmeckt.

Alois Mock, mit seinen fünf Geschwistern

Die Ereignisse aus meiner Jugend erscheinen in meiner Erinnerung als lose Folge von Bildern, die auf ein bestimmtes Stichwort meist einzeln und ohne Zusammenhang auftauchen.

Da ist einmal meine Volksschullehrerin, eine damals noch sehr junge, blonde Frau. Ich besuchte die Volksschule in Euratsfeld zwischen 1940 und 1944, als Österreich nicht existierte und mein Heimatort im Gau Niederdonau lag. Wir Schüler lauschten mit Begeisterung den Geschichten, die uns die Lehrerin erzählte. Eine handelte von einem Mädchen, das während einer Eisenbahnfahrt einen englischen Spion entlarvte und als Belohnung nach Berlin reisen durfte, um einen persönlichen Händedruck des „Führers" entgegenzunehmen. Danach träumte ich lebhaftest von Spionen und Berlinreisen, die mir meine Eltern natürlich wieder ausredeten.

Auf ihrem Rückzug ließ die deutsche Wehrmacht überall Ausrüstungsgegenstände zurück. Die übten eine besondere Anziehungskraft auf uns Buben aus. In Gruppen schwärmten wir aus und sammelten – trotz Verbotes unserer Eltern – die Gegenstände, darunter auch Waffen, ein. Wir errichteten verschiedene Haufen und zündeten sie an. Danach suchten wir schnellstens das Weite. Das hat uns vermutlich das Leben gerettet.

Weniger gefährlich waren unsere „Fischzüge". In einem nahe gelegenen Bach versuchten einige von uns, im kalten Wasser

stehend, mit bloßen Händen Forellen zu fangen. Manchmal hatten wir sogar Erfolg. Besser ging's dann mit Drahtschlingen, die wir unter Anleitung des örtlichen Malermeisters erzeugten.
Da stellte sich dann allerdings die Frage, wer den Fang verzehren sollte. Außer meinem Vater aß in unserer damals schon sieben-köpfigen Familie (Mutter, Vater, Tante, vier Kinder; meine zwei jüngsten Schwestern waren noch nicht auf der Welt) niemand Fisch. Ich hatte einen um drei Jahre jüngeren Bruder. Beide

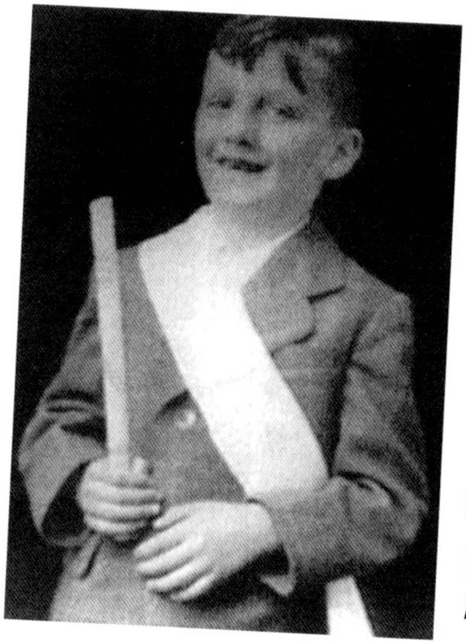

wurden wir Ministranten. Die lateinischen Antworten auf die Gebete des Pfarrers hatten wir bald gelernt, aber viel schwieriger war es, mit dem Oberministranten und seinen „Gefolgsleuten" auszukommen. Sie waren durchwegs kräftige Bauernsöhne, die uns direkte Ortsbewohner – unserer Meinung nach – immer wieder benachteiligten.
Das heißt, wir mussten unsere Dienste bei den „billigen" Messen (50 Groschen pro Ministrant) leisten, sie kamen zu den Hochämtern (1 Schilling pro Ministrant), die außerdem ein späteres Aufstehen ermöglichten. Diese schreiende Ungerechtigkeit wollte ich nicht hinnehmen und so zettelte ich einen Aufstand der „Ortsansässigen" an. Es gab immer wieder Raufereien und ich kam mehr als einmal mit einer blutigen Nase nach Hause. Der Gipfel der Auseinandersetzungen war erreicht, als mein Bruder neben dem Namen des Oberminist-

ranten auf der Liste in der Sakristei einen riesigen Schlechtpunkt hinmalte. Wir wurden mit Schimpf und Schande davongejagt.

Damals ging ich schon in die Hauptschule in Amstetten und wechselte auf Rat der Lehrer in die dritte Klasse des Gymnasiums. Das sollte mein schwierigstes Schuljahr werden. Ich musste Englisch nachlernen und Latein kam neu dazu. In beiden Gegenständen erhielt ich Nachhilfeunterricht und musste danach zu Fuß allein acht Kilometer nach Hause marschieren.
An einem finsteren Winternachmittag ließ ich mich bei argem Schneetreiben ermüdet am Straßenrand in den Schnee fallen.
Gott sei Dank kam jemand vorbei, der mein Zuhause verständigte.
Dieser Vorfall trug dazu bei, dass meine Eltern beschlossen, mich in ein Internat zu schicken. Im September 1947 trat ich in die 4. Klasse des Stiftsgymnasiums in Seitenstetten ein. Dort eröffnete sich für mich wissbegierigen Knaben eine neue Welt, die meine weitere Entwicklung entscheidend beeinflussen sollte.

Gottfried

Helnwein, als Ministrant, 1956

Zwischen Himmel und Hölle

Ich bin in zwei völlig gegensätzlichen Welten aufgewachsen: einmal im Wien der Nachkriegszeit – in Favoriten, einem traditionellen Wiener Arbeiterbezirk, der damals zur sowjetischen Besatzungszone gehörte. In einem Haus, das ein kümmerliches Dasein zwischen einer Gießerei aus der Jahrhundertwende und einem grauen Monstrum von Fabrikanlage aus der Nazizeit fristete, welches nun auf dem Dach das Zeichen seiner neuen Herren trug, nämlich einen gewaltigen roten Stern, der des Nachts illuminiert war und seine Glut in meine Kinderstube goss. In meiner Erinnerung ist alles rostig und staubig. Die Straßen sind wie ausgestorben, nichts bewegt sich, niemand spricht. Die wenigen Menschen, die ich sehe, sind gedrungen, unförmig und grantig. Eine Welt, die stille steht, ohne Geräusche, ohne Farbe, ohne Bewegung, nur manchmal durchbrochen vom Knattern eines klobigen Lastwagens, der vollbeladen mit russischen Soldaten mit Karacho durch die Straße fährt. Ich hatte das Gefühl, das höchste Ziel der Menschen um mich herum war, übersehen zu werden. Das Einzige, was sie zu fürchten schienen, war, aufzufallen, entdeckt zu werden. Es war eine Welt wie nach einem schlampigen Weltuntergang, wo eben doch ein paar überlebt hatten, die nun vorsichtig und geduckt in den Trümmern weiter dahinvegetierten, in der Hoffnung, der ewige Richter möge sie übersehen.

In dieser Vorhölle verbrachte ich einen Teil meiner Kindertage.

Den anderen Teil meiner Kindheit erlebte ich im Himmel, der sich damals in Niederösterreich befand, nämlich auf dem Bauernhof meiner Großeltern in Kautendorf (heute: Staatz-Kautendorf), einem kleinen Dorf, das sich eng an den Staatzer Berg schmiegt, einen weißen Kalkkegel mit einer Burgruine, der einsam und hoch aus der weiten Laaer Ebene emporragt. Dieser Teil des Weinviertels erinnert ein bisschen an die Landschaften Caspar David Friedrichs – mit seinen endlosen Ebenen, sanften Hügeln und breiten Muldentälern, die rundum einen freien Blick auf den Horizont erlauben.

Geweckt wurde ich jeden Morgen um fünf Uhr von einem Konzert aus unzähligen Tierstimmen, die sich mit dem Angelusläuten zu einem gewaltigen, brausenden Klangkörper vereinigten. Das Grunzen, Krähen, Gackern, Muhen, Miauen, Wiehern, Blöken und Bellen riss mich aus dem Schlaf und erfüllte mich jedes Mal mit unbeschreiblichem Jubel. Ich sprang aus dem Bett und stürmte im Nachthemd aus der Stube mit ihren schweren, tiefhängenden Deckenbalken und dem grünen Kachelofen hinaus auf die Trettn und ins Freie. Es war Fütterungszeit und alles war in

höchster Aufregung. Die Enten und Gänse des ganzen Dorfes schimpften empört, bis endlich die Hoftore wie Schleusen geöffnet wurden, worauf sich eine weiße Flut von quakendem, schnatterndem und wild flatterndem Federvieh von allen Seiten auf den Mittelpunkt des weit gestreckten Dorfplatzes hin ergoss.
Dort befand sich nämlich die Schwemm, der Dorfteich, in den sie sich in so großer Zahl stürzten, dass sich das trübe Gewässer schlagartig in eine einzige schneeweiße Fläche von sanft schaukelnden Vogelkörpern verwandelte.

Bis Ende der 50er Jahre unterschied sich unser Dörfchen kaum von den Darstellungen bäuerlichen Lebens auf den Bildern von Breughel bis Waldmüller. Die meisten Häuser stammten noch aus der Biedermeierzeit und die Landwirtschaft und das Brauchtum hatten sich seit damals kaum verändert. Wir fuhren mit dem Pferdewagen aufs Feld und die Männer mähten das Getreide mit Sensen, während die Frauen die Halme zu Garben bündelten, mit denen sie dann kunstfertig Mandln bauten, die in langen Reihen auf den abgemähten Feldern standen und uns Kindern als Spielhäuser dienten. In der Küche stand ein großer Herd, der mit Holzscheiten beheizt wurde. Es zischte und brodelte und in den Dämpfen sah man schemenhaft die Großmutter und die anderen Frauen rühren und schütten, schneiden und hacken, sodass man unwillkürlich an einen Hexensabbat denken musste. Die Speisekammer, die auch im heißesten Hochsommer immer kühl und dunkel war, war stets mit den größten kulinarischen Errungenschaften der Menschheitsgeschichte gefüllt:
Da stand ein Fass mit Sauerkraut und der dazugehörigen Holzzange, Gläser mit eingelegten Salzgurken und Kräutern, da hing geräucherter Speck an eisernen Haken von der Decke, es gab Ganselschmalz, Grammeln, Bratlfetten, Blunzen, selbstgebackene, runde krustige Brotlaibe, Topfengolatschen, Buchteln, Mohn- und Nussstrudeln, Vanillekipferln, je nach Jahreszeit Äpfel, Birnen, Marillen, Pfirsiche oder Kirschen und eine unglaubliche Zahl an eingeweckten Kompotten und Marmeladegläsern, die aus Platzmangel auch im ganzen Haus auf und unter allen Schränken verteilt waren. Das Wasser musste Sommer wie Winter mit dem Kübel vom Brunnen geholt werden und das Häusl war ein zugiges Plumpsklo direkt am Misthaufen mit altem Zeitungpapier zum Auswischen und dem Bauernbundkalender, der Stadt Gottes und dem Jesusknaben zum Lesen.
Mein Großvater war ein Heiliger. Er war der gütigste und liebenswerteste Mensch, den ich je

getroffen habe. Während der Arbeit trug er einen Spencer (= kurzer Janker der Weinbauern) und ein Firta, die blaue Bauernschürze, rauchte Austria 3 und sprach fast nie. Aber jeden Sonntag verwandelte er sich, zumindestens in meinen Augen, in einen Sheriff, mit seinem aufgedrehten Schnurrbart, seinen Stiefeln und dem Gilet mit der schweren silbernen Taschenuhr. Dann hob er mich mit seinen schwieligen braunen Händen auf seinen Schoß, holte seine Virginia-Zigarren heraus und las die Zeitung. Im Winter packte er mich manchmal in eine warme Decke ein, setzte mich auf seinen Pferdeschlitten und fuhr schweigend mit mir über den knirschenden Schnee in den Wald, um Reisig und Holz zu holen.

Unser meist alkoholisierter Nachbar, der häufig als Zigeuner bezeichnet wurde, hatte eine Tochter, die Poldi, welche von unirdischer Schönheit war. Sie hatte ein rundes, kakaobraunes Gesicht, dunkles schweres Haar, das zu Zöpfen geflochten war, schwarze Augen, die so tief und tückisch waren wie das Moor und einen zu verschlingen drohten, und ein süßes Grinsen, welches mein Knabenherz fast um den Verstand brachte. Sie war es, die mich eines Tages im Fliederbusch hinter dem Haus in die hohen Künste des Doktorspielens einweihte, was meine Hochachtung vor ihrer medizinischen Fachkenntnis und meine Liebe zu ihr ins Unermessliche steigerte. Leider war unser kindlich-rustikales Gomorrha nur von kurzer Dauer, da meine Eltern unser Treiben entdeckten und in Panik ausbrachen.

Da ich, ohne es zu wissen, eine Todsünde begangen hatte, wurde ich leider sofort nach Wien geschickt, wo ich Seelsorgeunterricht bekam und nach einer Sondererlaubnis durch den Erzbischof schon mit fünf Jahren zur Frühkommunion und damit auch zur Beichte zugelassen wurde, um mein kleines Herz von der Sünde der Unkeuschheit zu befreien.

Gott sei Dank wurde ich bald danach wieder aus dem Wiener Fegefeuer entlassen und durfte zurück zu meinem Bauernhof, dem Reich der nie versiegenden Wunder:
Zum Schweineschlachten, Hendlrupfen, Kuhmelken und Gänsestopfen, zum Scherenschleifer, der rufend von Haus zu Haus ging, zu dem verschwitzten Dorfschmied mit der speckigen Lederschürze, der unsere Pferde beschlug, dem Dorfgreißler, dessen Tür ein heftiges Bimmeln auslöste, wenn man eintrat und bei dem es alles zu kaufen gab – von Zuckerlautos für fünf Groschen, den gelben mit Zitronen- und den roten mit Himbeergeschmack, den Stollwercks, Backsoda und Hirsch-Zitronella-Schichtseifen, bis zu Quargeln, Gartenwerkzeugen, Fliegenfängern, Tintenstiften, Löschpapier und DTD. Und natürlich

dem Brausepulver, das wir uns auf unsere schmutzigen Handflächen schütteten und mit der Zunge ableckten, wo sich die kleinen gefärbten Kristalle dann in einem Feuerwerk von Mikro-Explosionen auflösten und einen säuerlich-ätzenden Geschmack erzeugten. Zum Dreschen und Ackern, den brennenden Stoppelfeldern, Brennnesseln, Mohn- und Kornblumen, den heftigen Ungewittern und den alten Frauen, die mit dem Messer drei Kreuze auf das Brot kratzten, bevor sie es anschnitten, den Heiligen Nepomuks an jedem Brückchen, die stets verzückt gen Himmel blickten, den Marterln mit vertrockneten Blümchen und Ewigen Lichtern, die in roten Gläsern tanzten, und den Kalvarienbergen.

Zu den Marienkäferln, die immer nach Mariabrunn flogen, und den Schusterkäfern, die ihren Namen wahrscheinlich deshalb bekamen, weil sie so oft eng aneinander hingen und sich dabei ruckartig bewegten, was den Eindruck erweckte, sie schusterten ständig („schuastan" = Geschlechtsverkehr ausüben). Zurück zur Weinlese, den Holzbutten voll süßer Trauben, ultramarinblauem Kupfervitriol, feucht-modrigen Weinkellern und dem Durchfall nach übermäßigem Sturm-Genuss, zu Zuckerrüben, Kartoffeln, Engerlingen, Kirtagen, geweihten Eiern und Salz zu Ostern, Hochämtern und Ratschen. Zurück auf den Dachboden, wo sich die Sonne mit dünnen Lichtfingern durch das schadhafte Dach bohrte, in denen der Staub tanzte, zu den vergilbten Fotos vom Kaiser Franz Joseph und von meinem jugendlichen Opa, der in schneidiger Ulanenuniform vor einer gemalten Parklandschaft stand, aufgenommen von einem k. u. k. Fotografen aus Laa an der Thaya; zu dem verrosteten Gewehr, das irgendein Russe zurückgelassen hatte, zu den klobigen, brummenden und krabbelnden Maikäfern, die aussahen, als kämen sie geradewegs aus einer Wilhelm-Busch-Geschichte, zu den Hochzeiten, Blaskapellen, der gelblichen Leiche, die, von Kerzen umstellt, im Haus aufgebahrt war, und den Begräbnissen mit schwarz gekleideten Ministranten, die schwarze Fahnen mit silbernen Totenköpfen und gekreuzten Knochen trugen. Zu den Mopeds und dem ersten Vollrausch.

Aber anfangs der 60er Jahre begann diese jahrhundertealte Kultur zu bröckeln. Was die Türken, der Dreißigjährige Krieg, Napoleon, der Zusammenbruch der Monarchie und zwei Weltkriege nicht geschafft hatten, erledigte die moderne Zeit mit ihren Wunderwaffen Rationalisierung und Technisierung im Nu. Es gab eine Flurbereinigung, in der die vielen bunten, kleinen Felder zu großen Flächen zusammengelegt wurden, den Bauern wurde eingeredet, ihre unrentablen altvaterischen Bio-Bauernhöfe aufzugeben und in moderne agrarische Monokulturen umzuwandeln und den Ertrag mit hochwirksamen Herbi- und Pestiziden und synthetischen Düngemitteln zu steigern. Die Kornblumen verschwanden allmählich, ebenso die Maikäfer und schließlich alle anderen Tiere auch. Heute gibt es in unserer Gegend kaum mehr Bauern. Die Schwemm, die Obstbäume und der hölzerne Glockenturm in der Mitte des Dorfplatzes sind verschwunden, weil das Angelus nicht mehr geläutet wird und es sowieso keine Enten mehr gibt. Stattdessen erstreckt sich da jetzt eine riesige, graue Asphaltfläche, in deren Mitte eine Parkbank steht, mit einem Messingschild, in das die sinnigen Worte „Verschönerungsverein Staatz-Kautendorf" eingraviert sind. Es ist still, wenn man heute in das Dorf kommt, keine Menschenseele ist zu sehen, nur die silbergrauen und beigen Toyotas, die vor den Häusern geparkt sind, zeugen davon, dass hier Menschen leben. Vielleicht sitzen sie vor den Fernsehern und schauen sich „Big Brother" an oder sie sind gerade beim Speed-Dating irgendwo im World Wide Web.

Im letzten Juni hat mich Landeshauptmann Erwin Pröll zur Sonnwend-Schifffahrt auf der Donau durch die Wachau eingeladen, wo er mich zu meiner Überraschung zum ehrenamtlichen Botschafter Niederösterreichs gekürt hat. Er schenkte mir einen edlen fein gesprenkelten Kalmuck, der genauso aussah wie der Janker meines Opas, nur dass der damals bei uns Spencer hieß und aus einem viel gröberen Tuch war.

Das Schreiben dieses kleinen Aufsatzes, den ich für das Buch „Mein Kinderösterreich" versprochen hatte, und den ich, wie sollte es auch anders sein, nun in allerletzter Minute eilig heruntertippe, hat mich ein bisschen wehmütig gemacht, weil er so viele längst vergessene Erinnerungen aufgestiert hat.

Aber, was soll's, ich werde heute den Spencer anziehen und damit zu McCarthy's Pub hinübergehen und ein Pint Guinness auf den Landesvater Erwin, das schöne Niederösterreich und die Poldi trinken.

Elfriede Ott, mit Palmbesen, Ostern 1930

Ein Haus in Klosterneuburg – Vater und Mutter in Harmonie – zwei Kinder, ein Bub, vier Jahre älter als seine Schwester. Sie heißt Elfriede, der Bruder Walti nennt sie Äwi. Vom Vater wird sie Evi genannt.
Ja. Das war ich!
Meine Erinnerungen an diese frühe Kindheit sind sehr stark. Den Zeppelin hab ich vorbeischweben gesehen. Wir hatten ein Auto, einen Perl. Mami gewann damit Wertungsfahrten und bekam Pokale. Der Schulweg war weit in die Oberstadt. Wenn ich heute an unserem Haus vorbeifahre, spür ich noch den schweren Weg.
Im Garten waren Blumen und viele Obstbäume. Wir hatten schöne Hühner. Warum erinnert man sich nur an negative Ereignisse aus der frühen Kindheit?
Oder bin das nur ich? Die Katastrophe, als mein Vater ein Huhn geschlachtet hat. Tagelanges Weinen und Schreien. Aber ich soll ja Heiteres in diesem Text berichten: Wir Kinder waren erpicht auf Freunde. So hatten wir einen, der sehr oft bei uns war, zum Spielen. Unsere Birnbäume waren Prachtstücke! Aber meine Eltern konnten nicht begreifen, dass die schönen Birnen so schnell weg waren. Des Rätsels Lösung: Unser Freund drohte uns von Zeit zu Zeit, uns zu verlassen. Jedes Mal bestachen wir ihn mit: „Bleib noch, kriegst a Birn."

Franz Posch, mit großem Bruder Josef

Mein erster Aufenthalt in Niederösterreich ergab sich im Zuge eines Bezirkstrachtenfestes in Gaming. Ich war 16 Jahre jung und begleitete als Harmonikaspieler die Schuhplattlergruppe „Falkensteiner“ meiner Heimatgemeinde Heiligkreuz bei Hall in Tirol. Außerdem war noch mit von der Partie der „Jakob Stainer Chor“ aus Absam. Dessen Chorleiter organisierte diesen Wochenendausflug als Kulturreise, sodass wir

nicht nur die Kartause Gaming kennen lernen durften, sondern auch das Stift Melk sowie auch die Wachau, insbesondere Dürnstein. Der Tupfen auf dem i war aber dennoch das Fest in Gaming, wo wir „Falkensteiner" beim Schuhplattler-Wettbewerb den 1. Preis erringen konnten. Diesen Erfolg haben wir natürlich ausgiebig gefeiert. Eine Folge davon war die, dass ich aufgrund einer relativ kurzen Nacht den Auftritt am nächsten Morgen fast verschlafen habe.

Die „Falkensteiner" waren schon „geschnäuzt

und gekampelt" am Festgelände versammelt, nur der Harmonikaspieler fehlte.
Die Veranstalter handelten rasch, forschten meine Gastgeberfamilie aus und holten mich mit Blaulicht und Sirene mit dem Feuerwehrauto ab. Alles löste sich in Wohlgefallen auf und keiner bemerkte, dass ich diesmal die Morgentoilette nur mangelhaft ausgeführt hatte.

Martha

Butbul, „Jazz Gitti", in der Schnitzelhütte, 1953

Es ist noch gar nicht so lange her, da war die Jazz-Gitti 11 Jahre alt und ein Ausflug zur Burgruine Kreuzenstein ist ihr bis heute deutlich in Erinnerung geblieben:

„Ich war mit circa 11 Jahren auf Schulausflug auf der Burg Kreuzenstein und hatte dort die Idee, einmal mit Freunden alleine hinzufahren und uns wie die Indianer selbst zu versorgen.

So ein Picknick hatte bei meiner Freundin Christl und mir bereits Tradition, jeden 1. Mai, und wirklich bei jedem Wetter, sind wir mit Decken und Essen auf die heutige Donauinsel gefahren, haben uns dort – sehr mutig – in die Rettungszillen gesetzt und gegessen. Einmal wollten wir eine Abwechslung und wir haben uns in Richtung Kreuzenstein bewegt. Also, wir sind auf die Burg Kreuzenstein hinaufgefahren, wie, weiß ich nicht mehr genau, aber wir waren dort, die Christl, die Lizzi, ihr Bruder Karli und ich. Ich habe Wasser, ein Reindl, die Würstel, Brot und Senf dabeigehabt.

Auf der Burg sind wir dann herumgeklettert und irgendwann hieß es ‚Hunger'. Wir sind also in den Burggraben gestiegen und haben Feuer gemacht und begonnen, die Würstel zu grillen. Es hat natürlich fürchterlich zu rauchen begonnen, weil wir mehr Laub als sonst etwas angezündet haben und es hat nicht lange gedauert, bis jemand gekommen ist und sich fürchterlich über unser Feuer aufgeregt hat.

Die anderen sind weggelaufen – ich war zu dick, um auch wegzulaufen, bin geblieben und habe gesagt: ‚Wir haben Hunger gehabt und Würstel gekocht, weil kalt wollten wir sie nicht essen!'

Ich habe mich also irgendwie rausgeredet, dann das Feuer ausgemacht und die Würstel aufgegessen. Ich erinnere mich genau, sie waren nicht einmal warm, aber sie haben geschmeckt. Die anderen haben irgendwo auf mich gewartet. Und so sind wir wieder nach Hause gefahren.

Alle mussten einen Eid schwören, niemandem etwas zu sagen, und es waren bestimmt die spannendsten Würstel meines Lebens."

Heinz

Hanner, Mayerling 1966

Die Geschichte vom Hanner-Heinzi und wie er sich selbst begegnete

In den Wäldern um Mayerling sagen sich Fuchs und Hase nicht nur gute Nacht, manchmal erzählen sie sich davor auch eine Geschichte. Zum Beispiel die Geschichte vom kleinen Hummer-Heinzi, der, wie er noch ein kleiner Heinzi war, nicht Hummer-Heinzi, sondern Hanner-Heinzi hieß. Denn im Gasthof der Eltern, der auf einer wunderschönen Lichtung prachtvoll florierte, gab es weniger Hummer, dafür mehr Schnitzeln und Kaffeejausen für dankbare Gäste. Man hätte den kleinen Heinzi damals also eher Schnitzel-und-Kaffeejausen-Heinzi nennen können, aber weil das zu aufwändig war, beließ man es einfach bei Hanner-Heinzi. Doch das ist eine andere Geschichte. Denn die Geschichte, von der diese Geschichte erzählt, handelt von einem der vielen Ausflüge, die der kleine Hanner-Heinzi an schönen Tagen in den Wienerwald unternahm, um für sich alleine sich selbst und die Natur zu erforschen. Schon damals, so erzählen sich Fuchs und Hase, hatte der Hanner-Heinzi eine gute Nase für Düfte und ein Faible für seltene Kräuter, von denen er fasziniert war, ohne zu wissen, warum. Denn eigentlich wollte der junge Heinzi Pfarrer werden und kein Koch. Wie er da so eines Nachmittags durch den Wald spazierte, sah er mitten im Gebüsch einen

jungen Herrn in feinstem Zwirn. Der kleine Heinzi blieb stehen. Die Gäste im Ausflugslokal seiner Eltern sahen meistens anders aus als dieser durchwegs wohlhabend aussehende Herr im teuren Anzug. „Wer bist du?", fragte der kleine Heinzi den feinen Herrn.
Der antwortete: „Ich bin du, ich bin der Heinz Hanner in zwanzig Jahren."

Der kleine Hanner-Heinzi wusste nicht recht. Hätte er das violette Kräutlein vor ein paar Minuten doch nicht kosten sollen?
„Du bist ich?", fragte er.
„Ja", bekräftigte der Herr, „ich bin du und wie du siehst, stinke ich geradezu vor Geld."
„Toll, dann werde ich also als Pfarrer Karriere machen und viel Geld verdienen."
„Nichts da mit der Kirche, du wirst einfach den Ausflugsgasthof deiner Eltern verkaufen und dann wirst du so viel Geld haben, dass du nicht mehr weißt, wohin damit."
Der kleine Heinzi hörte seinem älteren Ich aufmerksam zu.
„Du wirst Ferraris fahren, du wirst Frauen haben ohne Ende, du wirst in Champagner ertrinken, bis er dir bis

zum Hals rausrinnt. Du wirst ein nichtsnutziges, aber dafür lustiges Leben führen."
„Heißt das, ich brauche nicht zu arbeiten?"
„Genau das heißt es", fuhr der Mann im teuren Anzug fort, „denn mit dem Restaurant und dem Hotel deiner Eltern wirst du so viel Geld machen, wenn du es verkaufst, dass du keinen Schilling mehr selbst wirst verdienen müssen."
Der kleine Heinzi blickte finster drein: „Ich soll das Hotel einmal verkaufen?"
„Natürlich, oder glaubst du etwa, das wird etwas, da heraußen im Wald, wo sich Fuchs und Hase gute Nacht sagen?"
Der kleine Heinzi setzte sich auf eine Wurzel und dachte nach. „Ein reicher Nichtsnutz soll ich werden? Den Gasthof von Mutter und Vater verkaufen?" Er blickte auf, und da war der Herr im Anzug verschwunden. Nur ein Fuchs und ein Hase standen da und schauten den Hanner-Heinzi an wie einen Fliegenpilz. Da stand er auf und lief in Richtung des Gasthofes auf der grünen Lichtung und es war dem Fuchs und dem Hasen, als hörten sie den Hanner-Heinzi rufen: „Ich werde alles, alles ganz anders machen!"

Peter

Turrini, hat seine Kindheit in Niederösterreich
mit 55 Jahren begonnen

Über meinem Bett
hing das Bild
eines Schutzengels.

Ein kleines Kind
ging über eine schmale Brücke
unter der ein reißender Bach floß.
Ein drei Meter großer Schutzengel
mit riesigen Flügeln
und ausgebreiteten Armen
schwebte hinter ihm.

Es hieß
man darf sich nicht umdrehen
sonst verschwindet
der Schutzengel.

Ein großer Schutzengel
kann unmöglich
so schnell verschwinden.

Ich übte
das blitzartige Umdrehen.
Aber so schnell ich auch war
der Schutzengel
war immer schneller.

Gesine

„Gexi“ Tostmann, mit kleiner Schwester Karin, 1949

Nach dem Krieg fand unsere Familie – österreichische Mutter, deutscher Vater und zwei kleine Töchter – liebevolle Aufnahme bei Verwandten an der Waterkant.
Allerdings hatte meine Mutter nach einigen Jahren so großes Heimweh, dass die Koffer gepackt wurden und wir an den Attersee übersiedelten. Ich sollte hier mit der Schule beginnen, alt genug war ich, aber leider geistig, vor allem sprachlich, nicht schulreif.
Mit meinem Plattdeutsch war ich einfach eine Ausländerin: Beim Aufnahmegespräch interpretierte ich „an Eichterl" mit „lütte Eiche", was die zwar wohlwollende, aber etwas verzweifelte Lehrerin auch nicht verstand und so musste (eigentlich durfte) ich ein Jahr später gemeinsam mit meiner kleinen Schwester einschulen.
Wir nutzten das Jahr, um uns mit Sprache und Sitte der Einheimischen vertraut zu machen, waren nicht mehr „Deerns", sondern „Dirndln" und wurden auch in solche gesteckt, unsere Haarschleifen mutierten zu Haarmaschen und unsere Großmutter versuchte uns „Preußenkinder" über die Familiengeschichte mit der österreichischen Kultur vertraut zu machen.

Und hier kommt erstmals Niederösterreich ins Spiel. Die meisten Vorfahren waren rechtschaffene Bauern und Beamte mit eher faden Biografien, aber die Geschichte rund um die Familie Christ gehörte für mich zu den interessantesten: Der „alte Christ", Verwalter am Sauerhof in Baden, sein Sohn, der „getaufte Jude" Zacharias Christ, der sinnigerweise als Devotionalienhändler durch Niederösterreich zog und später das Johannesbad in Baden erwarb und zum „wohlfeilsten" Bade der Stadt machte. Enkelsohn Max, der im Jahre des Wiener Kongresses auf die Welt kam und sehr früh den Drang zu Selbstständigkeit verspürte und in Altenmarkt im Triestingtal eine kleine Krämerei eröffnete. Durch Altenmarkt kamen die vielen Wallfahrerprozessionen und der junge Christ führte auch hier wie sein Vater allerhand Devotionalien.
Nach dem frühen Tod seiner ersten Frau heiratete er eine „vermögliche" Braumeisterstochter aus Hainfeld, übersiedelte nach Amstetten, wurde Gastwirt und Kolonialwarenhändler. Geschäftlich erfolgreich, sozial engagiert und angesehen, wurde er nach der 48er-Revolution der erste Bürgermeister Amstettens. Seinem überquellenden Schaffensdrang wurde aber auch Amstetten zu klein, nach einigen Jahre zog es ihn weiter nach Westen, sein Sohn, mein Urgroßvater, wurde stolzer Besitzer der ersten Sommervilla in Seewalchen am Attersee.
Hier saßen meine Schwester und ich 1949 am Balkon meiner Großmutter, hörten die vielen zum Teil skurrilen Familiengeschichterln, lernten die Muttersprache und nebenbei auch ein bisschen österreichische Geschichte und Geografie und im Grunde ist mir erst heute beim Schreiben dieser Zeilen bewusst geworden, dass ich als Studentin das erste Mal niederösterreichischen Boden betreten habe, mich aber dank meiner Devotionalien handelnden Vorfahren seit meinem sechsten Lebensjahr Niederösterreich mit Hirn und Herz verbunden fühle.

Gunnar

Prokop, im elterlichen Garten
in St. Pölten, 1950

Wir hatten in St. Pölten ein großes Haus mit wunderschönem Garten. Mein Vater war Zahnarzt und hatte seine Ordination einen Stock über unserer Wohnung. Am Nachmittag machten meine um zwei Jahre jüngere Schwester Gudrun und ich meistens alleine die Aufgabe. Vorweg muss ich sagen, meine Schwester hatte zwei wunderschöne, sehr dicke lange Zöpfe, die fast bis zum „Popo" reichten, und es gab täglich in der Früh, wenn meine Mutter ihr die Haare bürstete, eine schreckliche Raunzerei.
Einmal, ich weiß nicht mehr wie alt ich war, saßen wir wieder einmal im Wohnzimmer beim großen Tisch gegenüber und machten unsere Hausaufgaben. Während des Lernens kam es wie so oft wegen irgendeiner bedeutungslosen Sache zu einem in diesem Alter üblichen Geschwisterzank. Schließlich stand ich ziemlich genervt auf, nahm wortlos eine Schere, die zufällig auf dem Tisch lag, ging zu meinem lieben Schwesterlein und „schwupps" war ein Zopf ganz oben abgeschnitten. Es gab eine fürchterliche „Heulerei". Sofort lief sie einen Stock höher zu unserem Vater in die Ordination. Es dauerte nicht lange und mein Vater war hier. Er, der so stolz auf die wunderschönen, dicken Zöpfe seiner Tochter war!
…Man kann sich vorstellen, wie es mir erging…

Marianne

Mendt, im zarten Alter von 3 Jahren, 1948

Mein erster Auftritt

Mein Vater, ein gebürtiger Perchtoldsdorfer, wanderte in den 20er Jahren nach Frankreich aus und kehrte Ende des Krieges mit Frau und zwei Kindern nach Wien zurück, wo er sich im 3. Bezirk mit seiner Familie ansiedelte.
Dort kam dann ich als so genannter Nachzügler zur Welt.
Seine Heimatliebe galt aber immer „Petersdorf" und so war es Tradition, dass wir fast jeden Sonntag vom 3. Bezirk stundenlang mit der Straßenbahn dorthin fuhren, auf der Heide spazieren gingen, Verwandte und Freunde besuchten und am Nachmittag beim Heurigen einkehrten.
Da ich angeblich schon in der Wiege sang, stellte man mich eines Sonntags – ich war drei Jahre alt – auf einen Heurigentisch (vielleicht beim „Schnurrbartnigl") und ich schmetterte aus vollem Halse das erste Lied meines Repertoires – „Mariandl".
Als Gage bekam ich von den Besuchern Schokoschnitten, Zuckerl und Kracherl. Damals entstand in mir die Idee, dass ich Sängerin werde, weil erstens singe ich am liebsten und zweitens bekomme ich was dafür. Ab diesem Sonntag war meine Karriere nicht mehr aufzuhalten.

Viktor

Gernot, Familienurlaub, 1975

Eine Erinnerung, die mich nie verlassen wird. Ich fahre stolz mit meinem ersten Auto, einem Fiat 124, rostrot – mit Starrachse und Doppelvergaser, so etwa um 22 Uhr dreißig durch das nächtliche Wiener Neustadt.
Wer Wiener Neustadt aus den 80er Jahren des vergangenen Jahrhunderts kennt, weiß, um halb 11 in der Nacht war ich mit an Sicherheit grenzender Wahrscheinlichkeit alleine in der Stadt unterwegs. Man musste beinahe mit dem Auto fahren, weil die Bürgersteige waren seit neun Uhr hochgeklappt. Was ich nicht ahnen konnte, war, es lauerte jemand auf mich. Ich fahr so über eine Kreuzung mit Ampel, ja, wir haben damals schon Ampeln gehabt in Neustadt, auf Standby Orange blinkend, weil, wie gesagt, in der Nacht eh niemand unterwegs war. Auf jeden Fall springt plötzlich eine menschliche Gestalt aus der Dunkelheit zwischen zwei parkenden Autos auf die Straße und zwingt mich damit, scharf zu bremsen. Es stellt sich heraus, dass es sich bei dieser dunklen Gestalt um einen Beamten der Wiener Neustädter Polizei handelt, der offensichtlich eine routinemäßige, nächtliche Verkehrskontrolle durchführen möchte.

„Guten Abend! Verkehrskontrolle. Führerschein,
Zulassungsschein ... Danke! ... Nojo, Herr Jedlicka!"

Für die, die es noch nicht wissen, mein Mädchenname war Jedlicka. Julius – Emil – Dora – Ludwig – Ida – Caesar – Konrad – Anton. Jedlicka, mit einem Hatschek über dem C. Gesprochen JEDLITSCHKA!

„Herr Jedlicka (falsch ausgesprochen: Jedlikka), Sie wissen wahrscheinlich, warum ich Sie angehalten habe?"

„Nein, weiß ich nicht."

„Herr Jedlicka, sehen sie das Schüdl da bei da Kreuzung?"

„Ah, welches jetzt? Da sind mehrere Schilder."

„No, des sechseckige do, von dem wir von hier aus nur die Rückseite erkennen können. Sehen Sie das?"

„Jawohl, das sechseckige seh ich!"

„No, wos sogt uns des, Herr Jedlicka?"

„Das ist ein Stoppschild."

„Exakt, ein Stoppschild. In der Nacht, wenn die Kreuzung nicht durch die Ampel geregelt wird und nur Orange blinkt, gelten diese Verkehrsschilder. Und, Herr Jedlicka, wos tuat ma bei an Stoppschild? Ha?"

„Man stoppt?"

„Exakt, man bringt sein Kraftfahrzeug zum Stillstand, schaut links und rechts, ob frei ist, und dann darf man wieder anfahren."

„Jo eh."

„Herr Jedlicka, hom Sie des Stoppschild beachtet?"

„Nachdem Sie mich da jetzt angehalten haben, wahrscheinlich nicht."

„Nein, sicher nicht, Sie san über die Haltelinie gerollt und haben Ihren Wagen nicht zum Stillstand gebracht, damit haben Sie das Stoppschild missachtet."

„Es tut mir leid, Herr Inspektor, aber ich kenn die Kreuzung und in der Nacht is eh niemand unterwegs in Neustadt."

„Darum geht es nicht, Herr Jedlicka, ich stell Ihnen jetzt ein Organstrafmandat aus und Sie zahlen 300 Schilling oder Sie kriagn a Anzeige."

„300 Schilling?"

„Herr Jedlicka, tuan's net sudern. Missachtung des Haltegebots bei einem Stoppschild, Ihre Kennzeichenbeleuchtung hinten funktioniert nicht und wann Sie wollen, kann i ma des Auto a genauer anschauen. Hom Sie wos trunken?"

„Ah, nein, muss net sein, 300 Schilling, Momenterl, ich muss nur nachschauen, ah ja, 300 Schilling – da bitte."

300 Schilling war damals ein Vermögen für mich, grad mit dem Bundesheer fertig, auf dem Sprung in die Hauptstadt Wien zum Studieren. Während der Herr Inspektor das Mandat ausstellt, hat er noch eine kleine unsterbliche Bemerkung für mich auf Lager.

„Soda, da ist Ihr Beleg, da sind Ihre Papiere.
Herr Jedlicka, wissen's wos in aner Viertelstund passiert warat, wann's do vorbeigfoahrn waratn?"

„Äh, nein."

„Nix, weü do warat i schon daham gwes'n. Guate Nocht!"

Siegfried

Ludwig, mit Freunden beim „Fototermin"

Es ist jedem bekannt, dass ich in Südmähren geboren und aufgewachsen bin. In einem Ort an der niederösterreichischen Grenze. Meine Eltern betrieben dort eine Landwirtschaft und eine Wagnerei, die aber nicht reich machte, aber die Famile gut ernährte. Natürlich waren wir auch eine traditionell katholische Familie, was mich bis heute geprägt hat.
Als Bub habe ich, wie viele andere auch, ministriert und der Herr Pfarrer hat sich sicher mal gewundert, wenn der vorbereitete Messwein zu wenig war, weil wir als Ministranten ihn noch vorgekostet haben.
Meine Familie ermöglichte mir auch, das Gymnasium in Znaim zu besuchen. Während des größten Teils meiner Schulzeit gehörte diese Schulstadt und umgebende Region zu Niederösterreich, damals unter dem Begriff „Nieder Donau". Auch wir waren Schüler, die immer zu Streichen aufgelegt waren. So pflegte ich mit zwei Kameraden in der Lateinstunde, die im Erdgeschoss der Schule stattfand, nach der Anmeldung das Klassenzimmer durch das Fenster zu verlassen. Daher konnte uns der Professor nicht befragen, was zu den üblichen Klassenbucheintragungen führte. Trotzdem ist aus allen etwas geworden. Aus Peter Neumayer der Künstler Peter Alexander. Aus Richard Plaschka später seine Magnifizenz, Rektor an der Universität Wien. Ich konnte dem Land Niederösterreich über 40 Jahre zuerst als Beamter und später als Politiker dienen.

Monika

Langthaler, als Prinzessin, 1969

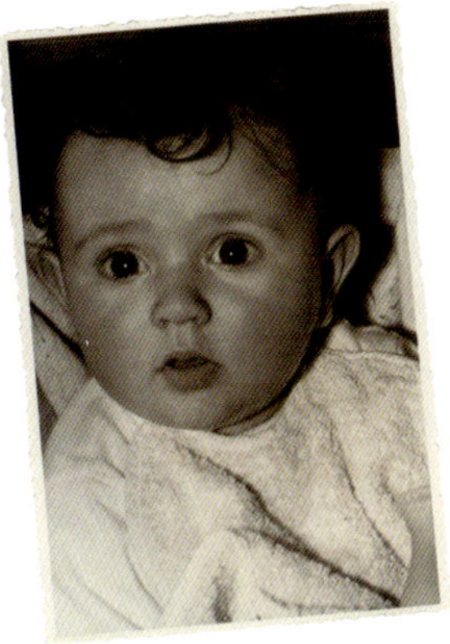

„Die Stadt unter dem Herzogshut", so wurde Wilhelmsburg von meinem Vater immer genannt, eine typische Kleinstadt im Traisental, in der ich geboren und aufgewachsen bin. Von außen betrachtet gibt es dort wenig Besonderes, für mich bot dieses kleine Universum allerdings jede Menge Abwechslung. Da war die lange steile Wiese meines Großvaters, auf der ich meine ersten Schiversuche machte, der kleine Hasenstall meiner Großeltern, wo ich immer wieder aus Liebe zu diesen Tieren ihr Futter selbst testete und es schrecklich fand, dass irgendwann dieselben auf unserem Mittagstisch landeten. (Ich esse bis heute kein Hasenfleisch!) Besonders aufregend war der Keller, in dem mein Großvater den Schnaps brannte, der nach einem fetten Mittagsmahl dann den Erwachsenen als Medizin kredenzt wurde. Auf dem Heuboden versteckte ich mich mit kleinen Kätzchen, danach bekam ich von Großmutter Butterbrot mit Zucker, denn ich liebte süße Brote. Meine Eltern liebten wiederum Wanderungen und so waren wir Experten im Rundgang von „Rudolfshöhe" und „Stockerhütte" und ich war Cowboy und Indianer in einer Person. Wirklich aufregend war ab der Pubertät für mich das große Parkbad mit einem 10-Meter-Springturm, zu dem ich ehrfurchtsvoll hinaufsah und alle Wagemutigen, die heruntersprangen, bewunderte. Dieses kalte Springbecken war für mich schon Mutprobe genug und mit 13 Jahren war ich supercool und schwamm nur dort, denn das „Mehrschwimmerbecken" – so nannten wir das große „normale" Becken – war nur etwas für „Warmduscher". Der 1. Mai war in meiner Kindheit keineswegs politisch besetzt, sondern schlicht jener Tag, an dem in Wilhelmsburg Kirtag war, mit unzähligen Standln mit vollkommen unnötigem Zeugs, Unmengen klebriger Zuckerwatte und vor allem dem Ringelspiel, bei dem mein gesamtes Taschengeld draufging.

Und so verging meine Kindheit und Jugend in Wilhelmsburg rückblickend relativ unspektakulär, aber dafür sehr glücklich. Das Landleben hat für mich – nach Jahren des Eintauchens in der Großstadt Wien – wieder an Attraktivität gewonnen, sodass unser kleiner Sohn Leo nun im Grünen im schönen Weinviertel aufwachsen wird.

Fritz Muliar, vor Beginn einer großen Karriere

Da sitz ich auf Kreta und versuche neben Urlaub machen, mein Asthma in den Griff zu bekommen – erfahre, dass Freund Wussow gestorben ist und auch Georg Danzer sich nach „drüben" verabschiedet hat. Ich kann ORF 2 empfangen, will Näheres wissen und finde mich plötzlich zu Haus in Niederösterreich, wo gerade der 1. Sommernachtstraum (bei Regen) in Grafenegg zelebriert wird. Intendant Rudolf Buchbinder, der bedeutende Pianist ist sichtlich gerührt, und Erwin Pröll noch dazu stolz. Mit Recht, denk ich mir, denn ich erinnere mich, wie Niederösterreich vor 80 Jahren ausgeschaut hat. Ein Agrarland mit ein paar kleineren Städten und vielen Märkten.

Der Erste Weltkrieg war vorüber und Rest-Österreichs Kernland hatte noch keinen neuen Weg gefunden. Wir, die Familie Muliar-Stand, sind jedes Jahr im Sommer für einen Monat „aufs" Land gegangen. Nach Sulz-Stangau, Niederösterreich. Dort hat mich meine Mutter, als ich gerade ein Jahr alt war, also 1920, „deponiert", weil es in Wien für den heuschrecken-zarten

Fritzi (ich!) zu wenig Milch gegeben hat. Die Tochter vom Schullehrer – die Schullehrer-Hannerl – hat zwei Ziegen gehabt (Gasse, hat sie gesagt) und eine davon meinem Fräulein Mutter verkauft. Und diese Gaß-Milch hat mir, wahrscheinlich, das Leben gerettet. Dankbarkeit? Gewohnheit? Ich weiß es nicht! Ich weiß nur, dass wir: Mutter, Großeltern und ab 1925 auch der „Papa" (mein Stiefvater) jedes Jahr für einen Monat mit Sack und Pack, Bettzeug, Geschirr etc. auf Sommerfrische gefahren sind. Nach Sulz! Zur Familie Dedovi – im Vogelgraben –, wo dann der „Hubertushof" hingebaut worden ist. Eineinhalb Zimmer mit Küchenbenützung – 50 Schilling im Monat. Milch hat's beim Nachbarn gegeben (diesmal Kuhmilch), der war Grassert-Bauer und Kleinlandwirt, Fockertaler oder so haben die lieben Leute geheißen. Lang ist es her – so lange wie – no ja, damals hat es noch Krebse gegeben in den Flüssen und Bächen. Große Krebse in kleinen Bächen; und köstliches Schlagobers mit echten Erdbeeren in der Meierei am Füllenberg. Kein Mensch hat Walderdbeeren gesagt. Es war doch logisch, dass die Erdbeeren, die dunkelroten, duftenden im Wald wachsen. Und so viele, dass wir mit den Müllikandln „brocken" gegangen sind. In die Erdbeermaaß. Die Him- und Brombeeren haben wir so „nebenbei" mitgenommen. Wie die Eierschwammerln, die ich am Ende des Urlaubs nicht mehr sehen konnte, weil es jeden zweiten Tag Schwammerln mit Ei drüber gegeben hat.
Mein Großvater – Jahrzehnte im selben Wanderanzug (mit Weste und Ausschlaghemd) – ist mit mir in den Wald gegangen, hinüber nach Sittendorf, weil der Wirt dort ein Freund von ihm war, und ich hab mir beim Kaufmann Goger zwei Dorli kaufen dürfen –

10 Groschen pro Stück. Der Wirt – ich glaub Grössing hat er geheißen – hat die besten „Kracherln" gehabt. Rote und weiße, so mit einer Kugel zum Hineindrücken. Gantner-Mödling war die Erzeugerfirma. Wenn niemand in der Nähe war, hab ich – frech und mutig – eine leere Flasche gestiebitzt, bin hinters Haus und hab sie zertrümmert, dann war die Mattglaskugel frei und ich hab sie mitgenommen, zum Kugelspielen mit Glaskugeln, 12 Stück, 60 Groschen. Viel Geld, hat doch ein Ausgesteuerter im Monat 27 Schilling bekommen. Ich war glücklich im Sommer in der Sulz. Wurschtsemmel beim Greißler Sereda. Und am Abend eine Theatervorstellung im Saal vom Gasthof Fanowitsch. Dort bin ich auch zum ersten Mal auf einer Bühne gestanden – aber das ist eine andere Geschichte. Acht oder neun Jahre war ich damals. Sehen Sie wird der Erwin Pröll sagen, auch der Muliar hat seine Karriere in Niederösterreich begonnen, schon damals – ohne Grafenegg, Liechtenstein, Reichenau, Mödling und Weitra –, und dabei war ich noch gar nicht Landeshauptmann.

Nein, mein Freund, damals warst du noch gar nicht auf der Welt, und Radlbrunn ein Ort wie jeder andere, wo ein guter Wein wächst. Und der Landehauptmann saß noch in der Herrengasse. Das war die Zeit, als die Devodis ihr Plumpsklo abgerissen und ein WC eingebaut haben. Für 100 Schilling, also zwei Sommermieten der Familie Muliar-Stand. Das war mein erster Kulturbeitrag fürs blau-gelbe Land. Möge Gott es schützen.

Michael

Birkmeyer, mit Vater Toni, 1947

Sommer in Oed

Einen Teil unserer Ferien verbrachten meine Familie und ich regelmäßig in der Oed/Piesting, einem kleinen Ort in der Nähe von Gutenstein. Verwandte von uns hatten dort ein wunderschönes Haus, umgeben von einem ausgedehnten Park mit uralten Bäumen, einem Tennisplatz, einem Bach in der Nähe und einem großen Obstgarten hinterm Haus – kurzum, ein wahres Kinderparadies. Im Haus stand ein alter, geheimnisumwitterter Bösendorfer Flügel, für uns Kinder war er absolut tabu! Meine Tante Paula hat uns erzählt, dass Brahms, ein Freund ihres Mannes, bei seinen Besuchen oft darauf gespielt hat. Dies scheint wohl der Grund für das strenge Verbot gewesen zu sein.
Wir Kinder – mein bester Freund und Spielkamerad war damals der Sohn des dortigen Feuerwehrkommandanten – durften uns als Ballbuben beweisen und als Dank wurden wir von den Spielern hin und wieder in dieser Sportart unterwiesen.
Später durften wir dann auch den Platz benutzen. Das war eine große Ehre für uns, wir platzten jedes Mal fast vor Stolz.
Das nahe gelegene Wehr war ein wunderbarer Badeplatz für uns Kinder.
Verbotenerweise haben wir auch versucht, im angrenzenden Bach Forellen mit der Hand zu fangen. Mein Freund war da sehr geschickt, wir anderen allerdings weniger. Das Vergnügen hielt an, bis mein Vater, der sich ausgezeichnet aufs Fliegenfischen verstand, eines Tages dahinterkam, woraufhin wir einiges zu hören bekamen.
Ich denke heute noch sehr gerne an diese unbeschwerte Zeit zurück.
Das Tennisspielen hab ich leider verlernt, aber ich bin ein ganz passabler Fischer geworden. Und in Niederösterreich gibt es tolle Gewässer, um diesem Hobby nachzugehen.

Ernst Höger, zu Hause in St. Veit/Triesting, 1951

Wenn ich an meine Kindheit zurückdenke, dann denke ich an St. Veit an der Triesting, an mein Elternhaus, an den Garten, an die vielen Hendln, Hasen, Ziegen und Schweindln, die gemeinsam mit dem Gemüse und dem Obst aus dem Garten hauptsächlich zur Ernährung der Familie dienten.

Es war Nachkriegszeit (ich bin 1945 geboren), unser „Biotop" war im Wesentlichen so groß – heute würde man sagen so klein –, als man halt auf Kindesbeinen bewältigen konnte. Mein „Nest" war das Elternhaus mit tollen Eltern, Großeltern und meinem älteren Bruder.
Der Lebensraum bestand aus dem Garten, der Triesting, dem angrenzenden Wald mit all den herrlichen Bäumen und Felsen zum Klettern, Häuslbauen und Indianerspielen. Er war aber auch ideal zum Träumen, zum Fühlen – zum Begreifen.

Ich behaupte heute, dieses Aufwachsen – in der Freiheit und doch so geborgen – war der Grundstein für die Kreativität und all die Fantasie, die im Leben so wichtig war und ist. Ein besonderes Erlebnis war natürlich die

Anwesenheit der russischen Besatzungskräfte. Die „Russenautos" mit den fremden Soldaten weckten zwar einerseits die Neugier der Kinderseele, andrerseits war da aber immer ein mulmiges Gefühl, eine innere Ablehnung und Angst, die sicher durch Erzählungen über die Gräueltaten in den Tagen der Kriegshandlungen begründet war.

Eines Tages war ich mit zwei Freunden in „unserer" Triesting damit beschäftigt, den heimischen Speisezettel durch frische Forellen zu bereichern. Mit bloßen Händen fingen wir die Fische. Diese Technik hieß bei uns „Forellen ausgreifen", war natürlich auch damals verboten, aber für uns Buben an der Triesting eine Lieblingsbeschäftigung. Sorgfältig wurde die Beute in den „Krotenblattln" versteckt. Plötzlich kamen einige russische Soldaten – unsere große Konkurrenz beim Fischen – mit lautem Geschrei auf uns zugerannt, ganz so, als wollten sie uns einfangen.

Wie von Furien gehetzt flitzten wir durchs Wasser, überwanden „Schotterbänke", hüpften über „Schwabbrückln", sausten durch Brennnesseln und über den Zaun in den heimischen Garten.

Längst war aus dem wilden Geschrei der Russen ein übermütiges, herzliches Lachen geworden und mit fröhlichen Gesichtern zogen sie weiter und versuchten ebenfalls, einige Fische zu fangen.

Als die „Luft rein" war, wagten wir uns wieder zu unseren „Krotenblattln" und siehe da, die russischen Soldaten hatten unsere Beute nicht angerührt. Als der Duft von gebratenen Forellen durchs Haus zog, waren wir natürlich die Helden des Tages. Nur ich dachte mir: „Ob sie die Fische nicht doch gesehen haben?"

Heute sind wir alle stolze Besitzer einer Fischereikarte, mein Freund ist sogar Aufsichtsorgan in diesem Abschnitt der Triesting. Was wir tun, wenn wir Lausbuben beim Wasser antreffen? Herzlich lachen und nicht in die „Krotenblattln" schauen.

simone

Stelzer, Herzogenburg 1976

Meine Ferien in Lackenhof

Ich erinnere mich noch gut daran, dass ich als Kind in den großen Ferien, speziell wenn schlechtes Wetter war, nicht so recht wusste, was ich mit der vielen Freizeit anfangen sollte. Da beschloss meine Mutter, mich und meine etwas ältere Cousine nach Lackenhof am Ötscher in eine Jugendherberge zur Erholung zu schicken. Dieses Ferienlager wurde von der Bauernkammer organisiert. Uns Kindern war es zu Anfang gar nicht recht, weil wir der Meinung waren, wir könnten unseren Aufenthalt sicherlich auch ohne vorgegebenes Programm und eine Heimleiterin, die unserer Meinung nach sicher aussehen würde wie eine Hexe, gestalten.

Dort angekommen, wurden wir gleich getrennt und in zwei verschiedene Gruppen eingeteilt. Nach lautstarkem Protest unsererseits konnte man nicht anders, als uns doch vereint zu lassen. Doch nach zwei Tagen erreichte ein verzweifelter Anruf der Direktorin meine Mutter. Sie beklagte sich folgendermaßen über uns: Sie essen zu viel Süßigkeiten, aber nicht auf, machen keinen Mittagsschlaf und dichten noch dazu böse Gedichte über die Gruppen leitenden Tanten! „Na, wenn das nicht ausreichende Gründe sind, um uns nach Hause zu schicken", dachten wir! Aber es kam anders. Niemand holte uns ab ...

Somit verbündeten wir uns vorerst gegen jegliche Tanten und den Rest der Welt und revolutionierten den Heimbetrieb in den folgenden zwei Wochen ordentlich. Es durfte genascht werden, wir trugen unsere Gedichte vor, die für lautstarkes Gelächter unter uns Mädels sorgten, es wurde eine Kinderdisco veranstaltet und wir lernten die wunderschöne Umgebung Lackenhofs kennen und lieben. Ich bin heute sehr froh, dass uns damals niemand vorzeitig abholte, denn die Wanderungen in den Ötschergräben und die Freundschaften mit den anderen Kindern, die wir in dieser Zeit schlossen, werden mir ewig in Erinnerung bleiben.

Noch heute existiert ein Buch mit Volksliedern, in dem ich eine gepresste Blume aufgehoben habe. Das Buch und die Blume erinnern mich noch heute an die Zeit in der Jugendherberge am Ötscher.

Lukas Resetarits (mit Brille), Bad Fischau 1960

Die ersten vier Jahre meiner Kindheit verbrachte ich im Burgenland. Danach wohnten wir in Wien Favoriten, später in Floridsdorf und seit 1969 bin ich in Niederösterreich daheim.

1960 war ich noch ein relativ braves Kind. Gymnasiast am RG X, Jungscharbub in der Pfarre St. Johann Evangelist und Ministrant in der „Keplerkirche".
Unser Jugendkaplan war ein gewisser Adolf Holl, ja der spätere DDr. Adolf Holl, Buchautor und Theologe sowie Club-2-Moderator.
Als Betreuer einer wilden Horde von Buben hatte er es nicht so leicht – aber es gelang ihm doch

immer, unseren Bewegungsdrang und unsere Abenteuerlust so weit in Bahnen zu lenken, dass die Hochämter, bei denen wir oft in einer Besetzung von 20 Mann auftraten, nicht zu einer Zirkusshow ausarteten.
Ein Mittel, uns austoben zu lassen, war natürlich das Fußballspielen. Die Dressen bekamen wir vom Herrn Kaplan.
Zwei Höhepunkte hatte das Kirchenjahr für uns: Die Fußwallfahrt nach Maria Lanzendorf im Süden von Wien. Da marschierten wir tatsächlich die 12 Kilometer von Favoriten zu Fuß! (Ohne Murren!) Heute müsste da wohl ein Betreuerwagen mitfahren ...
In Lanzendorf angekommen, wurde erst einmal beim Hochamt ministriert, aber dann: das Fußballmatch und anschließend, verdreckt, verschwitzt und aus Wunden blutend die Würstel und das Kracherl und das dicke Ende: Zu Fuß nach Hause in den Zehnten! (Mit Murren!)

Da glichen wir wohl den traurigen Soldaten der geschlagenen Armee Napoleons in Russland. Der zweite Höhepunkt war das alljährliche Pfingstlager in Bad Fischau. Ein Zeltlager mit allen Vor- und Nachteilen. Romantische Lagerfeuer mit Gruselgeschichten und Nachtgeländespielen einerseits, oder bei Regenwetter: trübsinnig im feuchten Zelt herumraunzen.
Aber der Abschluss war immer vom Schlechtwetter verschont und da gab es Spanferkel! Ein Rudel Hyänen hätte das kaum fertiggegarte Borstenvieh kaum wesentlich schneller vom Spieß gerissen als wir hungrige Schar, die nach einem Wochenende voll Abenteuer und Fußball und wenig Schlaf vor Eiweißmagel auch mit rohen Warmblütern vorlieb genommen hätte.

Danach die Vorfreude auf das Sommerlager.
Aber das war immer in der Steiermark und das ist eine andere Geschichte.

Kathrin

Zettel, Göstling/Ybbs 1991

In meiner Volksschulzeit entschloss ich mich, Ministrantin in meiner Heimatgemeinde Göstling zu werden, und stellte mich zirka fünf Jahre in den Dienst der Kirche.
Große Highlights waren zum Beispiel das Jungscharlager, das jedes Jahr im Frühjahr veranstaltet wurde und meist in verschiedenen Gegenden stattfand. An eines der Lager kann ich mich noch sehr gut erinnern. Wir schlugen unser Zeltlager im Dreiländereck Niederösterreich, Oberösterreich und Tschechien auf. Den genauen Ort weiß ich leider nicht mehr. Wir wurden in Gruppen eingeteilt und mussten uns die ganze Woche bei verschiedensten Aktivitäten unter Beweis stellen und fleißig Punkte sammeln. Und am Schluss bekamen die Besten ein besonderes Geschenk. Auf jeden Fall standen jeden Tag sehr viele Aktivitäten auf dem Programm wie zum Beispiel Wandern, Schwimmen, Erkundungen des Waldes und Spiele, Abendprogrammgestaltung ... Es war sehr schön zu beobachten, wie groß der Zusammenhalt in den jeweiligen Gruppen war. Am letzten Abend der Woche hatten wir noch die „Meisterprüfung" zu bestehen – die Ältesten der Ministranten steckten durch den Wald eine Art Parcours aus und verkleideten sich als Geister oder sonstige Gruselmonster. Dieses Event war immer eine Riesenherausforderung für die Jüngsten und brachte viel Nervenkitzel mit sich, da wir den Parcours in totaler Finsternis absolvieren mussten. Danach hatten wir einen ruhigen Ausklang rund um ein großes Lagerfeuer mit Gruselgeschichten. Ich habe diese Jungscharlager immer sehr genossen und es hat mir sehr viel Spaß gemacht.

Ich erinnere mich immer gern daran zurück und wünschte mir manchmal, so etwas wieder erleben zu können.

Hans

Denk, Obergrünbach 1944

Es war im südlichen Waldviertel, wo ich als Sohn von Bauersleuten aufgewachsen bin. Der Sonntag war immer „heilig", wir gingen zwei Kilometer zu Fuß in die Kirche, dann gab es ein wunderbares Schnitzerl vom Holzofen und dann – bei schönem Wetter – nahm mein Großvater meine Hand in die seine.
Und wir gingen hinaus auf die Äcker, wo das Korn dem Hauch des Windes folgte, strohgold in der Sonne glänzte und den ihm ganz eigenen Duft verströmte. Mir als kleinem Buben vermittelte er diese Eindrücke auf sanfte und sehr nachhaltige Art. Er streichelte über die Ähren, wiegte sein Haupt, um die Erntezeit abzuwägen, und strahlte dabei eine ganz eigene Art von Dankbarkeit aus.
Das archetypische Korn ermöglichte großteils unser Leben.
Ich konnte das damals vielleicht noch nicht wirklich begreifen, aber ich lernte die Liebe zur Natur und die Demut, die wir brauchen, um nicht nur von ihr, sondern mit ihr zu leben. Noch heute kann ich kein Stück Brot wegwerfen und erlebe das Brot immer wieder neu in der Eucharistie.
Nicht zuletzt mein Großvater hat mich deshalb auch zu meinem Buch „Brot & Wein" inspiriert. Ein Buch über zwei Lebensmittel, die ubiquitär seit Menschengedenken zu unserem ursprünglichsten Leben gehören.

Andy

Lee Lang, der Ernst des Lebens beginnt, 1971

Da meine Eltern die Schischule auf der Rax hatten, verbrachte ich einen Großteil meiner Kindheit auf dem „ehemaligen Hausberg der Wiener". Von Anfang Dezember bis Ende April holte mich meine Mutter jeden Samstagmittag mit dem VW-Käfer von der Schule ab und wir düsten mit sagenhaften 110 km/h Richtung Talstation der Rax-Seilbahn. Sogar das Christkind, an das ich sehr lange geglaubt habe, musste den Dienstplan ändern und oft schon am 22. oder 23. Dezember zur Familie Lang kommen, denn am 24. waren wir schon auf dem Otto-Haus. Das hatte für mich natürlich einen Riesenvorteil – nämlich zwei Mal im Jahr Weihnachten zu feiern. Aber es gab nicht nur rosige Erlebnisse auf diesem Berg – denn da war doch dieser lange Weg von der Bergstation bis zum Otto-Haus. Und nachdem ich schon immer eine tragende Rolle wollte, ließen mich meine Eltern auch immer meine Schi selbst tragen (ich begann bereits im Alter von vier Jahren). Wutschnaubend, schreiend, weinend, die Schi mehrmals in den Schnee werfend (ja, es gab damals noch echten Schnee), trotzte ich den vielen Winterstürmen. Und wenn ich zu trotzig war, dann gingen meine Eltern einfach vor und beobachteten mich mit dem Fernglas vom Otto-Haus. Aber kaum beim Otto-Haus angekommen, brach der Society-Löwe in mir durch und ich machte mich hinter der Schank oder in der Küche wichtig, kellnerte oder servierte. Auch meinen ersten Beinbruch erlitt ich auf diesem Berg im zarten Alter von fünf Jahren. Es war gar nicht lustig, in einen Akja gelegt zu werden und eigentlich nicht zu wissen, was jetzt mit einem passiert. Zu Ostern wurden natürlich immer Eier versteckt, eines hab ich nicht gleich gefunden – es war in meinem Schischuh – „What A Feeling".

Im Sommer fuhr ich als Jugendlicher Radrennen und mein Trainingsgebiet war die Gegend rund um den Wienerwald-See und die Sophienalpe. Aber schon in meiner frühen Kindheit war klar, dass sich meine Zornausbrüche und das Schreien vor Wut positiv auf meine Stimme auswirken sollten – und so hing ich das Rennrad an den Nagel und übte lieber Klavier, um später ein großer Klassikpianist zu werden. Wie man sieht, werden Kindheitsträume selten wahr – so wurde ich eben Rock'n'Roller und Entertainer – der Rax sei Dank.

Christian

Kolonovits, Fotomodell und Dirigent, Rom 1957

Onkel Duzzi und der Wasserturm

Es war das Jahr 1956 – ich war gerade vier Jahre alt –, als ich den für mein weiteres Leben wahrscheinlich wichtigsten Menschen traf: meinen Onkel Duzzi. Onkel Duzzi war ungarischer Priester, vor der Revolution geflohen und auf dem Weg in den Vatikan, der vielen Priestern damals Obdach gewährte. Onkel Duzzi war wie eine aus Josef Roths Welten entstiegene Figur: ein kunstsinniger Mensch, Geiger, Organist, Chorleiter, einer, der für und durch die Musik lebte und nebenbei – es wunderte mich schon damals – auch noch Priester war. Vom ersten Moment an zog er mich in seinen Bann. Alles an ihm war faszinierend: sein Geigenspiel, seine Geschichten, seine Träume von einem neuen Leben in Rom. „Abschied nimmt man am Wasserturm", sagte er, „und du musst mich besuchen kommen – irgendwann."

Als Onkel Duzzi in Wiener Neustadt in den Zug stieg, sah ich ihn zum ersten Mal, den Wasserturm, und es tat weh, sehr weh, dass mein geliebter Onkel nun aufbrach in ein anderes Leben. Würde ich ihn jemals wieder sehen, mit ihm Musik machen? Es gab nichts, was ich mir sehnlicher gewünscht hätte. Und kurz darauf erfüllte mir das Leben meinen Wunsch: Im Mai 1957 wurde ich krank, der Arzt riet zu einer Luftveränderung und meine Eltern beschlossen, mich zu Onkel Duzzi nach Rom zu schicken. Sie packten mich in unseren Ford Anglia und fuhren mit mir nach Wiener Neustadt zum Bahnhof. Weit vor der Stadt konnte ich den Wasserturm sehen. Groß und mächtig stand er da, ehrwürdig, aber auch vertraut. Nicht Abschied und Ende würde er diesmal bedeuten, sondern Beginn und Wiedersehen. Und während ich meinen Vater und meine bitterlich schluchzende Mutter vom Abteilfenster aus immer kleiner werden sah, stand hinter ihnen, groß und stark, mein Turm, mein Onkel-Duzzi-Turm. Und er machte mir den Abschied leicht.

Rom und Onkel Duzzi – eine himmlische Kombination! Sie bescherte mir die unglaublichsten fünf Monate meines bisherigen Lebens. Da waren zwanzig italienische Nonnen – wir hatten in einem Kloster Quartier genommen –, die mich quasi adoptierten. Ich wurde ausgezogen, angezogen, gefüttert, parfümiert und wieder umgezogen. Zwanzig italienische Mamas, es war das Paradies auf Erden! Da war Onkel Duzzi, der sich mittlerweile Don Giuseppe Juhar nannte, der mich mit zu seinen Chorproben nahm – er war inzwischen im Vatikan als Chorleiter tätig –, der mir Orgel- und Klavierspielen beibrachte und mich Notenlesen lehrte. Mindestens einmal pro Woche von Papst Pius XII.

gesegnet, wurde ich nebenbei auch als Ministrant und Fotomodell von Onkel Duzzi eingesetzt, der nebenbei auch noch an einem ungarischen Rom-Führer schrieb und mich mit sämtlichen Sehenswürdigkeiten ablichtete. Die Säulengänge des Petersplatzes, die Gärten des Vatikans waren meine Spielplätze. Irgendwann im Dezember 1957 setzte mich Onkel Duzzi wieder in den Zug. Ich wollte nicht weg, ich konnte nicht weg, alles, was mir wichtig war, blieb zurück in Rom. „Grüß den Wasserturm von mir", sagte Onkel Duzzi zum Abschied und dann setzte er mich in den Zug zurück nach Österreich und das Einzige, was mich aufrecht hielt auf dieser Reise, war der Gedanke an den Turm, der mich auf geheimnisvolle Weise, ich wusste nicht wie, weiter mit Onkel Duzzi verbunden sein ließ.

Als ich in Wiener Neustadt ankam, war es finstere Nacht und vom Wasserturm nichts zu sehen. Aber die Freude, die Eltern wieder zu haben, wog die Enttäuschung auf und wir fuhren heim. Der Wasserturm ließ mir jedoch keine Ruhe, ich war zwar wieder zu Hause, aber irgendwie doch nicht so richtig angekommen.
„Nach Wiener Neustadt, ich muss noch einmal dorthin, ich muss den Wasserturm sehen, ich hab es dem Onkel Duzzi versprochen", so bettelte ich tagelang, wochenlang. So lange, bis mein entnervter Vater seinen Widerstand aufgab und eines Sonntags mich wieder in den Ford Anglia packte und wir beide losfuhren.
Ich habe ihn gesehen, ich habe ihn gegrüßt, ich bin auf ihn hinaufgestiegen und habe nach Süden geschaut und ich bilde mir ein, dass ich hinter den Wolken, weit, weit in der Ferne Rom gesehen habe und meinen Onkel Duzzi. Und wann immer ich auf der Südautobahn unterwegs bin, schaue ich hinüber zum Wasserturm, denke an Rom und meinen Onkel Duzzi und lasse ihn von ihm grüßen.

Josef

Floh, St. Aegyd am Neuwalde 1981

Bereits traditionell durfte ich in den Sommerferien mit meinen Eltern nach St. Aegyd reisen.
Die familiäre Atmosphäre im Gasthof Hollerer – Vater Floh und Vater Hollerer waren gemeinsam in den 50er Jahren beim Heer – ist mir bis heute in Erinnerung.
Die Wanderungen auf den Traisenberg, die Kühe aus nächster Nähe, die Almwiesen und vor allem die gute Jause in den Berghütten sind markante Eckpunkte meiner Aufenthalte im Voralpenland.
Die Liebe zur Natur wurde bereits in Kindheitsjahren geweckt ...

Erster Kontakt mit Hollywood,
Gasthaus Floh, Langenlebarn 1975

Bereits im zarten Alter von ein wenig mehr als drei Jahren gab es den ersten Kontakt mit „Hollywood". Im kleinen Garten unserer Familie gab es neben Hühnern, Katzen und zahlreichen weiteren Tieren auch eine „Hollywoodschaukel" – der Stolz der Familie (auf dem Bild mit Schwester Gerda und Mutter Auguste Floh) wurde täglich „möbliert" – die Plastikpölster mussten natürlich jeden Tag vor Regen in Sicherheit gebracht werden. Jahre später wurde dann Hollywood auf den „Floh" aufmerksam und die „motion pictures of art" – Vertreter der Oscarverleihung – brachte eine Klagsandrohung gegen den von der Gastwirtschaft Floh gegründeten „Floh-Weinoskar" ein. Auch über eine Verfilmung wurde bereits nachgedacht ...

„Pepperl Flohaska", Gasthaus Floh
Langenlebarn 1978

Kurz nach dem Einzug meiner Wiener Austria ins europäische Cupfinale begann auch die eigene, leider sehr bescheidene Fußballkarriere im Hinterhof des Wirtshauses.
Bereits ausgestattet mit violett-weißem Fußballdress und einem selbst zusammengeschnitzten, besser zusammengeknöpften (siehe Bild) Tor und einem Fußball, gab es die ersten Schuss- und Gaberlversuche.
Der große Durchbruch blieb leider aus, einige Jahre im Nachwuchs des SV Langenlebarn stehen nunmehr neben zahlreichen kulinarischen Stationen in meinem Lebenslauf!

Roland

Neuwirth, Wien-Floridsdorf 1951

Greifenstein-Altenberg hieß die Bahnstation zum Paradies. Die Donau. Einen Kilometer stromauf kam man nach Dschungeldorf. Dort hatten wir eine Stelzenhütte am Wasser. Dort war ich Tom Sawyer: Den ganzen Tag in der Wildnis, Barsche und Hechte gefischt, auf alle Bäume geklettert, durch alle Strömungen geschwommen … Wir wussten genau, welcher Schaufeldampfer die schönsten Wellen machte, enterten die Schlepper mit unseren Luftmatratzen und ließen uns dann wieder zurücktreiben …
Für eine ausgewachsene Ringelnatter bekam ich fünf Schilling. Das waren fünf Kilogramm Unkrautsalz. Damit konnte man mühelos einen herrlichen Krater in die Schottergrube sprengen. (Außer einer Tracht Prügel ist uns nie etwas passiert.) Gegen die Gelsen, Dreiecksfliegen, Brennnesseln und Disteln waren wir immun. Selbst die spitzesten Steine machten unseren Fußsohlen nichts aus. Auch Konrad Lorenz zählte zu uns Pionieren. Er grüßte bärtig,

weißmähnig und braungebrannt aus seiner Zille, vorne sein Hund, wie eine Galionsfigur.
„Vorsicht, Fischer!“, sagte er immer und stellte den 4-PS-Motor ab. Abends saßen wir auf der Veranda. Oder am Lagerfeuer. Wir spielten Mundharmonika und Gitarre oder wir fuhren spätnachts noch zum Daubeln hinaus auf den Strom. Aalrutten.

Wir schliefen ein zum Quaken der Frösche, dem Tuten der Dampfer, dem Prasseln des Regens auf dem Blechdach. Um die Petroleumlampe taumelten Nachtfalter und Goldaugen. Die Trauerweide strich mit den Zweigen über die Hüttenwand, als wollte sie uns segnen. Und wir waren gesegnet: Der Wind brachte den Geruch des Wassers und es duftete das Springkraut.
Erst mit dem Eintreffen der Dohlenschwärme zogen wir uns wieder in die Stadt zurück. Meine Füße wollten nicht in die Schuhe. Sie hatten Sehnsucht

nach dem feuchten Treibsand des Ufers und dem samtigen Gras der Au. Nun waren sie wieder für ein Jahr inhaftiert.

Diese Tage sind dahin. Unwiederbringlich. Heute ist Dschungeldorf kein Dschungel mehr. Alles ist reglementiert. Längst stehen statt der paar Hütten dicht gedrängt Reihenhäuser. Das Kraftwerk hat unsere Hauptschlagader, den Donaustrom, durchtrennt. Die Au ist verschwunden und mit ihr das kleine, freie Völkchen der Sommerkolonie.
Um heute in die Wildnis zu kommen, muss man als Wiener schon ganze eineinhalb Stunden länger fahren. Mit dem Auto Richtung Norden. Ins Waldviertel. Da bin ich gerade und richte mein Angelzeug her …

Ernst Strasser, auf Bootstour, 1969

Wie ich um ein Haar meine eigene Firmung verpasst hätte …

Zu meiner Zeit wurde man noch in der Volksschule gefirmt. Wie es bei uns zu Hause der Brauch ist, hat mich mein Firmpate gefragt, wo denn das sein sollte. Ich – wie aus der Pistole geschossen: „In Wien, weil ich den Flughafen sehen möchte." Ich weiß nicht mehr warum, aber Flughäfen übten bei mir schon als Kind eine große Faszination aus. Ich dachte mir damals aus, dass da ein dauerndes Landen und Abfliegen stattfände und die Flieger wie von großer Hand auf dem Rollfeld herumgeleitet werden würden.

Natürlich hatte ich damals keine Ahnung, dass der Flughafen nicht in Wien, sondern in Schwechat in Niederösterreich war. Meine Eltern waren entsetzt über die Maßlosigkeit ihres Sohnes. Wir waren doch in Grieskirchen in Oberösterreich zu Hause und da war es üblich, dass man in der Umgebung, also in Gallspach, in Meggenhofen, vielleicht in Wels oder – und das war schon an der Grenze – in Linz im Dom gefirmt wurde. Aber gleich Wien und das wegen des Flughafens? Meinem Firmpaten gefiel die Idee und er organisierte die Firmung bei dem damals jungen Kardinal Dr. König. Das war mir völlig egal, der Flughafen war das „Firmungsziel", nicht das heilige Sakrament im Stephansdom. Die Firmung war für den

Nachmittag angesetzt, also fuhren wir – Firmpate, seine Frau und ich am Vortag los und übernachteten bei Verwandten in der Nähe von Wien. Das war schon aufregend genug, aber angesagt war am Vormittag der Fughafenbesuch, am Nachmittag die Firmung.

Und dann diese Pleite: Um 1969 herum war der Flughafen für Kinder ein urfades, langweiliges Erlebnis.
Die unpersönlichen, kalten Hallen in Ankunft und Abfahrt waren um nichts spektakulärerer als die mir bekannten Bahnhofshallen in Linz, von der Besucherterrasse sah man höchstens alle 20 Minuten einen Flieger landen oder starten; die Flugzeuge waren weit weg, nicht zum Angreifen nah und mit dem freien Auge fast nicht sichtbar;
mit einem Wort, der Besuch dort war für mich ein einziger Flop. Ich machte auch gar kein Hehl daraus, war tief enttäuscht und ließ meinen Tränen freien lauf.

Um die Stimmung zu retten, führten mich meine Paten in das Flughafenrestaurant und setzten mir – sozusagen
als Ersatz – ein großes Tortenstück mit einer Riesenportion Schlagobers vor, das ich auch anfangs mit Begeisterung verschlang. Vielleicht mit zu viel Begeisterung, denn beim zweiten Cola, das zu Hause ja streng verboten war, meldete sich der Magen und ich erbrach alles: das Frühstück, die Torte, das Schlagobers, das Cola landeten direkt vor mir auf

dem Tisch, mein Firmanzug hat dabei natürlich auch etwas abbekommen.

Etwas blass im Gesicht, mit einem sehr flauen Magen, den Firmanzug notdürftig gereinigt, erreichten wir viel zu spät die Stephanskirche, in der inzwischen die Zeremonie schon voll im Gang war. Die Firmlinge im Halbkreis aufgestellt, dahinter die Paten. Der Kardinal, begleitet von einem ganzen Tross von würdigen Gottesmännern, schritt von Firmling zu Firmling, gab ihr oder ihm den obligaten Backenstreich und weiter ging's zum nächsten Kandidaten.

Geistesgegenwärtig schob mich mein Pate in den Kreis der Firmlinge, etwa zehn Meter vom Kardinal entfernt, sodass ich Minuten später – körperlich und psychisch schwer angeknackst – das heilige Sakrament der Firmung empfing. Ein wenig gewundert hat mich danach nur, dass der hochehrwürdige Gottesmann so gar nichts von meinem Zustand mitgekriegt hat. Könnte sein, dass es damals den ersten Knacks in meinem Glauben an die Allmacht und das Allwissen in die Autoritäten des Landes und der Kirche gegeben hat.

ulli

Beimpold, auf dem Weg zum Weidlingbach, 1969

Das Bacherl

Von drei bis neun Jahren gab es eine große Liebe in meinem noch so jungen Leben und die hieß „Bacherl". Meine Eltern, meine beiden älteren Geschwister Uschi und Peter und vor allem mein gelber Wellensittich Jamesi (gesprochen Tschämsi) und ich nutzten jede freie Minute, um in unser Haus in Weidlingbach bei Klosterneuburg zu kommen. Da, wo heute alles verbaut ist, gab es damals direkt an unseren Grund grenzend Wald, freie Felder und wie der Spitzname schon sagt ein Bacherl, nämlich den Weidlingbach. Ich erinnere mich an eine schmales Brückerl, auf dem ich stundenlang saß und meine Füße ins Wasser baumeln ließ. Eine meiner Leidenschaften war es, Schnecken zu sammeln, sehr zur Freude meiner Mutter, weil ich mein vollgefülltes Küberl immer mit in mein Kinderzimmer genommen habe und erstaunt in der früh feststellen musste, dass es sich über Nacht „geleert" hatte. Einige Vormittage wurden für Schneckensuche im Haus verwendet. Meine Verbundenheit zur Natur, meine Sehnsucht nach Niederösterreich wurzelt sicher aus diesen Tagen. Die schnelle Flucht aus der Stadt, um in kürzester Zeit im Grünen auftanken zu können, ist mir bis heute geblieben. Übrigens, meinen Sittich hab ich immer frei fliegen lassen. Eines Tages war er weg, wahrscheinlich hat ihn die Katze gefressen. Meine Trauer war tief. Doch siehe da, eine Woche später saß im Käfig ein rosa-orangefarbener Vogel. Mein Vater erzählte mir: „Jamesi, hat nur einen Ausflug gemacht in den niederösterreichischen Himmel, dann ist er durch eine Wolke geflogen und ist bunt zurückgekommen." Kinderglück!!!

mercedes Echerer, mit ihrem Vater 1969

Mein Vater, ein Meister im Erzählen, „bereicherte" Geschichte mit Geschichten, die in keinem Geschichtsbuch zu finden sind. Ich war etwa fünf Jahre alt, als wir Schloss Dürnstein samt naher Ruine erkundeten. Zu unseren Ritualen gehörte es, die Sagen vor Ort nachzuspielen. Oft gesellten sich andere Kinder dazu. In Dürnstein wollte ich der Sänger Blondel, der Retter von Richard Löwenherz sein, aber Hosenrollen wurden selten an Mädchen vergeben, selbst wenn sie in solchen steckten. Die Rolle der Mutter – Eleonore von Aquitanien hat bekanntlich das Lösegeld für ihren Sohn aufgestellt – fand ich langweilig. „In Wahrheit war es nämlich so!", begann ich meine Erzählung. „Drüben im Fährhaus arbeitet die hübsche Arina. Jeden Abend hört sie eine gequälte Stimme von der anderen Seite der Donau ein langweiliges Lied singen. Diesen Katzenjammer hält sie eines Tages nicht mehr aus und schwimmt hinüber. Unter dem Kerkerfenster begegnet ihr der heulende Blondel und klagt der mutigen Fährmannstochter, dass er nur auf das Lösegeld wartet, um mit Löwenherz wieder nach England fahren zu können. ‚Das dauert mir zu lang. Dieses Gedudel muss ein Ende haben', denkt sich Arina, geht kurzerhand zum Verlies, befreit den Löwenherz – sie hat nämlich bitte ein Schwert – und seine Mami, die Königin, spart das Lösegeld." Und als Nachsatz, mit Blick zu meinem Vater: „Das ist die Wahrheit von Dürnstein, Vati. Nur damit du es weißt!"

Andy

Marek (mit Gitarre), Stift Altenburg 1972

<u>Soloauftritt in Notre-Dame</u>

Mit 10 Jahren schaffte ich die Aufnahmeprüfung zu den Altenburger Sängerknaben, die ihren Sitz im Stift Altenburg hatten. Da dieser Chor zu diesem Zeitpunkt (1972) zu den Besten in ganz Europa zählte, war dies für mich und meine Familie eine große Auszeichnung und Ehre.
Es verliefen die ersten Jahre gesanglich sehr gut für mich und ich durfte hie und da auch solistisch in Erscheinung treten.
Vor allem aber waren unsere Konzertourneen, die uns quer durch Europa brachten, eine tolle Sache. Der Abschluss meiner vierjährigen Sängerknabentätigkeit war eine Konzertreise nach Großbritannien und Frankreich. So durften wir unter anderem in der Royal Albert Hall oder in der Westminster Abbey in London singen.
Der Höhepunkt für uns Sängerknaben war allerdings der große Auftritt in Paris in der Notre-Dame. Am Vortag des Konzertes in Paris angekommen, hieß es zeitig zu Bett zu gehen, um am nächsten Tag voll fit zu sein. Nun hatte ich aber nichts anderes zu tun, als eine Polsterschlacht und das auch noch um Mitternacht anzuzetteln.
Nachdem der Chorleiter mit verschwollenen Augen die Schlafräumlichkeiten betrat und wütend fragte, wer dafür verantwortlich war, dachte ich mir, dass es, so wie es mir meine Eltern beigebracht haben, nie schlecht sein kann, die Wahrheit zu sagen, und außerdem war es vor den anderen ja ziemlich cool, den Märtyrer zu spielen, und so meldete ich mich entschlossen.
Der Chorleiter nahm mich zur Seite und versprach mir für den Auftritt morgen in der Notre-Dame eine besondere Überraschung.
Ich sah mich schon in der ersten Reihe mit einem Soloauftritt und Menschen voller Begeisterung, die mir zujubeln würden. Der nächste Tag sollte allerdings ein wenig anders verlaufen.
Ich hatte zwar meinen Soloauftritt, allerdings nicht dort, wo ich es gerne gesehen hätte.
Es begann das Konzert um 19.30 Uhr, die Notre-Dame war vollgefüllt mit Konzertbesuchern, 30 junge Burschen, gleich und fesch gekleidet, begannen zu singen. Nur einer fehlte.
Der kleine Andreas Marek, der sich zum Eingang der Notre-Dame stellen musste und die neuen Schallplatten der Altenburger Sängerknaben verkaufen „durfte".
So hatte ich zwar meinen Soloauftritt, doch hatte ich mir diesen in den alten Gemäuern in Paris doch anders vorgestellt.

ANDY MAREK & BAND – Fanatische Fans, oder doch nicht?

Nach dem ich meine Sängerknabenkarriere beendet hatte, gründete ich eine Band und wusste, ich muss in das Showgeschäft. Zu dieser Zeit waren unter anderen die Rolling Stones groß im Geschäft und mein absolutes Vorbild war der coole Mick Jagger.

Es folgten viele Konzertauftritte, obwohl wir eine sehr junge Band waren und in erster Linie nur Coverversionen spielten. Eines Tages hatten wir die Freude, in einer riesigen Diskothek in Niederösterreich eine Mitternachtsshow zu spielen. Vor Hunderten jungen Leuten legten wir los und obwohl es noch keinen Musiksender à la MTV gab, wussten wir genau, wie wir das Publikum mit unserer Bühnenshow begeistern können.
Kurz vor Ende der Show nahm ich mein damals topmodernes Stirnband und warf es in die tobende Menge, dies habe ich bei meinen Rock'n'Roll-Vorbildern gesehen. Unzählige Hände griffen voller Euphorie nach dem

Stirnband. Es flog Richtung Zuschauer, wie in Zeitlupe, ich sah nur noch Hände, die um dieses leicht verschwitzte Band rangen. Ich dachte: „Andy, jetzt hast du es geschafft!" Der Fan, der sich am meisten angestrengt hat, wird dieses Stirnband über sein Bett hängen oder es auf einem altarähnlichen Tisch mit einem Bild von mir aufbewahren. Mick Jaggers Bild würde verjagt werden und meine Poster würden in ganz Niederösterreich die Plakatwände und Jugendzimmer schmücken. Es kam der Schlussakkord des letzten Liedes, ich verabschiedete mich, wir hatten es geschafft, die Menge kreischte.

Ich ging beim Hinterausgang von der Bühne, wo plötzlich ein junges, bildhübsches Mädchen vor mir stand.

Ein Groupie? Sie aber sagte nur: „Hey! Du hast dein Stirnband verloren, da hast du es wieder."

Herbert

Prikopa, am Ende
seiner sportlichen Laufbahn

Nun bin ich zwar in Wien geboren und auch dort aufgewachsen, aber Niederösterreich verdanke ich nicht nur meinen Alterssitz im Grünen, sondern auch das Ende meiner sportlichen Laufbahn – und das war gut so! Wie es dazu kam? Überaus dramatisch! Ich war gerade drei Jahre alt geworden und bekam von meinem Großonkel zu Weihnachten ein Dreirad geschenkt. Es war durch und durch aus Holz, auch die Räder waren hölzern, was das Sitzen während einer Wiener Stadtfahrt nicht gerade angenehmer gestaltete, aber ich war eben ein Sportler. Das bewies ich dadurch, dass ich meine Eltern förmlich zwang, an diesem Heiligen Abend zu Fuß nach Hause zu gehen, statt von der Schlickgasse im 9. Bezirk, wo mein Großonkel wohnte, die Straßenbahn in den 10. Bezirk zu unserer Wohnung zu benutzen. Ich wollte ja unbedingt mit meinem Rad fahren, selbst auf die Gefahr hin, bis zu Silvester nicht mehr schmerzfrei sitzen zu können. Unverständlicherweise stimmten meine Eltern meinen sportlichen Wünschen zu.

Und natürlich musste dieses Rad auch im Urlaub dabei sein. Damals nannte man den Urlaub noch Sommerfrische und diese wurde jahrelang in Lobendorf verbracht, einem kleinen Ort hinter Weißenkirchen in der Wachau, in der Nähe der Burg Hartenstein, dort wartete nach einem gar nicht so leichten Marsch über den Seiberer immer der Gasthof Preisser auf meine Eltern, auf mich und natürlich nun auch auf mein Rad. Damals begann eine Zeit des intensiven Trainings, jede Wanderstrecke wurde von mir nur mehr per Rad zurückgelegt, das „Doping" bestand aus mitgenommenen Kracherln und Butterbroten, um meine steigende Form noch mehr zu steigern. Das unbarmherzige Schicksal schien mich für den zukünftigen Sieg in der Niederösterreich-Rundfahrt vorgesehen zu haben, aber das gütige Schicksal hat es sich dann doch noch anders überlegt. Mit Hilfe eines abschüssigen niederösterreichischen Waldwegs gelang es diesem Schicksal, mich aus der Kurve zu werfen, wobei ich mit dem Knie voran in einen Brennnesselbusch geschleudert wurde. Ich war anscheinend immer besonders schmerzunempfindlich, denn nach fünf Minuten Brüllen und einer weiteren halben Stunde Schluchzen ließ der Schmerz auch schon nach. Meine Mutter versorgte das verbrannte Knie mit einem Taschentuch und ich humpelte wie ein Held mit den Eltern zurück zum Gasthof Preisser, wo man mich ebenfalls gehörig bemitleidete. So hatte Niederösterreich mich vor einer entbehrungsreichen weiteren Trainingszeit als Radprofi bewahrt. Das Rad verschwand zu Hause im Keller.

Im nächsten Jahr bekam ich von meinem Großonkel zu Weihnachten ein Kasperltheater und dieser Kasperl ist mir im Beruf bis zum Schluss treu geblieben. Wenn es auch dabei verschiedene Brennnesseln gegeben hat, war dieser Beruf doch sehr schön, egal, ob ich ihn die erste Lebenshälfte in Wien betrieb oder ihn nun schon seit Jahrzehnten von Niederösterreich aus ausübe.

Kurt

Sobotka, Sommer 1936

Niederösterreich 1945

Ich war gerade 15 Jahre alt, also schrieb man das Jahr 1945. Mein Vater war in russischer Kriegsgefangenschaft und meine Mutter hatte alle Hände voll zu tun – wenn man die Hände etwas tun ließ –, für meinen ein paar Monate alten Bruder und mich etwas halbwegs Essbares auf den Tisch zu bekommen. Die russischen Truppen standen – wie es so schön heißt – vor den Toren Wiens. Diese Tore waren schon sperrangelweit offen oder hingen nur noch windschief in den verrosteten Angeln. Es war eine furchtbare Zeit voller Unsicherheit, Angst und Hunger. In diese Trostlosigkeit kam ein Brief aus Gans, einem kleinen, 21 Häuser umfassenden Dörflein im Waldviertel. Von Schwarzenau über Haselbach nicht allzu schwer zu erreichen. Dort habe ich zweimal meine Schulferien verbringen dürfen. Die Bauern, die damals meine Mutter und mich aufnahmen, waren keine Großgrundbesitzer, aber sie waren großzügig und herzensgut. Sie schrieben uns, dass wir zu ihnen kommen könnten. „Ein Zimmer ist immer für euch frei", hieß es in dem Brief. Mit dem letzten Zug, der vom Franz-Josef-Bahnhof abfuhr, kamen wir ins Waldviertel. Auch an Gans ist der Krieg nicht spurlos vorübergegangen, aber im Vergleich zu Wien war es das reinste Schlaraffenland. Für meinen kleinen Bruder gab es genügend Milch.

Und auch für uns gab es Köstlichkeiten, von denen man in Wien nur träumen konnte. Als kleine Gegenleistung halfen meine Mutter und ich im Haus und bei Feldarbeiten. So gut wie wir es halt verstanden. Durch die Hilfe dieser Bauern überlebten wir den Krieg. Vielleicht ist das auch der Grund, warum ich 30 Jahre später nach Niederösterreich gezogen bin und seither hier zufrieden lebe.

Man wird den Bauern, die damals so hilfsbereit waren, für ihre Tat kein Denkmal setzen, aber man soll wenigstens wissen, wer sie waren.

Ihr Name war Weichselbraun. Im Nachhinein noch einmal: Vielen Dank!

Nina

Blum, mit Kriegsbemalung
und Spangerl, 1983

Der Teufelsbadstubensteig

Als ich sechs Jahre alt war, hatte ich zwei große Leidenschaften – das Indianerspiel und die Berge.
Das Foto dokumentiert die eine (ich mit Kriegsbemalung und Indianerstecken), meine Geschichte die andere.
Eines Tages wollten meine Eltern mit mir das erste Mal die Rax besteigen. Ich war gerade sechs Jahre alt geworden und liebte die Berge, auf einem Klettersteig war ich aber noch nie. Aufgeregt, was mich da wohl erwartet, fuhren wir an einem schönen Altweibersommersonntag ins Höllental. Dort nahm unsere Wanderung ihren Ausgangspunkt.
Beim Einstieg in den Teufelsbadstubensteig angekommen, sah ich viele Leitern und Seile und die steile Wand, die es zu bezwingen galt.
Ich konnte mir beim besten Willen nicht vorstellen, wie ich da jemals hinaufkommen sollte. Meine Eltern – die mehr Vertrauen in meine bergsteigerischen Fähigkeiten hatten als ich selbst – sprachen mir Mut zu und es ging los. Mit der Zeit machte mir die Kletterei Spaß und ich war stolz, von Minute zu Minute dem Gipfel ein Stück näher zu kommen. Schließlich erreichten wir nach vier Stunden Aufstieg das Otto-Haus. Zur Belohnung gabs Kaiserschmarrn.
Ich fühlte mich, als hätte ich den höchsten Berg der Welt bezwungen.
Ich war todmüde, aber glücklich. Diese Liebe zur Rax hält bis heute an: Einmal pro Jahr besteige ich die Rax über den Teufelsbadstubensteig.
Es ist eine Art Herbstritual geworden. Jedes Mal, wenn ich hierherkomme, genieße ich den Blick ins Höllental und die tolle Aussicht vom Raxplateau und tanke Kraft und Energie.
Viele meiner Freunde wurden von mir hierher geführt und sie alle waren von diesem wunderschönen Platz in Niederösterreich begeistert.

wolfram

Pirchner, Innsbruck 1959

Obwohl Tiroler, zumindest gebürtiger, habe ich heute noch – fast ein halbes Jahrhundert gelebt habend – diesen Geruch der Pielach-Auen, in der Nähe von Melk, in der Nase. Die Atmosphäre, das kalte Wasser, in dem wir herumtollten, völlig irre, dass es so etwas Genussvolles gab. Urlaub in Niederösterreich. Das war für mich als Bergmensch (und ein solcher ist man doch, wenn man aus Innschbruckckck kommt) etwas ganz Besonderes. Etwas fast Überirdisches. Etwas Tolles. Und, wie sich heute zeigt, etwas Unvergessliches. Wie oft habe ich im Lauf meiner zweifellos glücklichen Kindheit und Jugend meine armen, bergverliebten Eltern gebeten, doch den Wohnort zu wechseln. „Ziehen wir doch in die Nähe der Tante nach Niederösterreich." Nicht der Tante wegen, sondern wegen der Landschaft. Des Essens. Des Trinkens. Gut, das war damals natürlich kein Thema. Heute schon. Damals: Tirol. Diese Berge – ein schönes Land – meine Heimat!!!!! Darf man da negativ fühlen? Ja. Wenn es um die Lebensqualität, die eigene geht, schon. Ein so enges Land. So schroff. Schi fahren – kein Thema. Anstehen, warten bis man drankommt, herunterfahren. Schwitzen. Oder saukalt. Entsetzlich. Und teuer. Bergsteigen? Sicher nicht. Zu gefährlich, vielleicht auch zu anstrengend. Befreit fühlte ich mich immer, wenn wir nach Niederösterreich fuhren. Das war damals schon komisch. Kaum hatte man den Chiemsee hinter sich gelassen, näherte sich Salzburg – nach Linz dauerte es immer ein wenig länger – und dann endlich: Niederösterreich. Majestätisch das Stift Melk auf der linken Seite, diese riesigen Flächen, Äcker, Wiesen, Wälder. Die klaustrophobischen Gefühle waren wie weggeblasen. Die Enge wich der Freiheit.

Ich hatte den Eindruck: Das ist das größte Land weltweit. Frei. Selbstbewusst. Und dieses Gefühl des Freiseins habe ich heute noch, wenn ich von meinen Tirol-Besuchen nach Hause fahre. Jawohl – nach Hause. „Heimatverräter" hat mich ein Tiroler Freund liebevoll getadelt. Ich denke, er hat es auch tatsächlich so gemeint. Aber egal. Zu Hause. Ein starkes Land. Vielfältig, weit, lebendig. Vielleicht sollte ich für die Fremdenverkehrswerbung arbeiten?
Uns taugt es hier – ich habe ja auch fast keine Wahl – als mit einer Niederösterreicherin Verheirateter!?

Ich geh jetzt Rad fahren. Und verschwende keinen Gedanken an die Topografie des Landes. Es ist ohnehin relativ eben in unserer Gegend.

Michi

Dorfmeister, Unterberg, Winter 1985/86

Man glaubt es kaum, aber es ist wahr, und das im flachen Niederösterreich.
Es war einmal ein schöner, kalter Wintermorgen, es schneite. Um etwa 4.30 Uhr fuhren wir zu den Landesvereinsmeisterschaften nach Lackenhof, wo wir mit unserem Verein WSV Pernitz Unterberg teilnahmen. Ich war zwar erst acht Jahre alt, aber diese Geschichte werde ich sicher nie vergessen. Wie es der Winter halt so will, fielen die Schneeflocken wie verrückt, zeitmäßig hatten wir eine normale Fahrbahn eingerechnet, aber normal sah anders aus. Wir waren vor den Räumungsfahrzeugen auf der Straße, nicht wirklich waren wir immer rutschfest unterwegs. Wir wussten: Um 11 Uhr ist Start, vorher Besichtigung des Laufes und ein paar Fahrten einfahren, damit wir ein Gefühl für die Schi bekommen. Wir fuhren und wir hatten viel Glück über viele Berge wie zum Beispiel den Ochsattel und das Kernhofer Gschaid, um sie ohne Ketten zu bewältigen. Aber an der letzten Hürde schienen wir zu scheitern – es sollte wohl nicht sein. Mein Vater hinterm Lenkrad mit drei Kindern im Auto, am Fuße des alten Zellrain, gerade das letzte Stück war sehr steil.
Es war wirklich eine Zitterpartie, wir fuhren ganz langsam, dass sich die Reifen ja nicht durchdrehten. Aber das Auto fing an zu rutschen – verdammt das wird knapp, wird es sich ausgehen? Wir hatten doch bis jetzt Glück – nein, wir blieben stecken! Mein Vater schaute im Kofferraum nach, ob wir Ketten mithätten – negativ. Wie sollten wir da hinaufkommen? Mittlerweile war es hell geworden, aber keine Hilfe kam und wir sahen die Chancen auf einen Start dahin. Da sagte mein Vater, dass wir drei Mädels uns auf die Motorhaube setzen sollten, vielleicht griffen mit ein bisschen mehr Gewicht die Reifen wieder. Wir drei sahen einander an und dachten: „Na, das kann ja was werden!" Wir wilden Hennen suchten uns einen guten Platz auf der Motorhaube und dann probierten wir es nochmals. Und siehe da, wir schafften dieses verdammt steile Stück mit einer super Aussicht: mal etwas ganz anderes. Mit viel Zittern, dass wir den Start noch schaffen, setzten wir uns wieder ins Auto und Papa war heilfroh, dass alles gut gegangen war.
Zu guter Letzt kamen wir rechtzeitig zum Start. Wir haben zwar nicht gewonnen, aber es war ein aufregender Tag in den Bergen Niederösterreichs, den ich bis heute nicht vergessen habe. Übrigens, diesen Trick haben wir danach mehrmals angewandt.

Danke.

Was bleibt nach der Lektüre so eines Buches? Manches Schmunzeln, einiges Staunen, das eine oder andere Wieder-Sehen und Wieder-Erkennen, sicher auch etwas Nachdenklichkeit – vor allem aber mein herzlicher Dank an alle, die mitgemacht haben und ihre ganz persönlichen Kindheitserlebnisse in Niederösterreich mit uns geteilt haben.

Für manche Autoren war es ein Blick ein paar Jahre zurück, für andere waren es Ausflüge in längst vergangene Zeiten. So oder so führen uns diese Erinnerungen vor Augen, wie schnelllebig die Zeiten geworden sind, aber auch wie prägend und bleibend die Erfahrungen und Eindrücke der Kindheit sind.

Für mich ist dieses Buch zweierlei: Ein sehr persönliches Geschichts- und Bilderbuch darüber, welchen Wandel unser Land in den letzten Jahrzehnten gemacht hat. Und es ist ein weiterer Ansporn auf dem Weg, den wir mit unserem Niederösterreich als „Kinderösterreich" gehen.

Denn was wäre ein schönerer Erfolg, als wenn die Kinder von heute in vielen Jahren bei ihren Kindheitserinnerungen mit Freude sagen können:

„Mein Kinderösterreich".

Nochmals Danke allen Autoren und viel Vergnügen beim Blättern und Lesen.

Landeshauptmann Dr. Erwin Pröll

Ulli Amon-Jell, Gastwirtin
Maximilian Fürnsinn, Propst des Stiftes Herzogenburg
Barbara Stöckl, Moderatorin
Felix Dvorak, Schauspieler, Intendant
Vera Russwurm, Moderatorin
Alfred Komarek, Schriftsteller
Lisl Wagner-Bacher, Gastronomin
Erwin Pröll, Landeshauptmann
Karlheinz Hackl, Schauspieler
Andreas Maurer, Landeshauptmann a.D.
Rudolf Buchbinder, Pianist
Erika Pluhar, Schauspielerin, Sängerin und Autorin
Sepp Forcher, Moderator
Rainhard Fendrich, Sänger
Christian Konrad, Generalanwalt
Rosemarie Isopp, Radiolegende (Autofahrer unterwegs)
Peter Rapp, Moderator
Sissi Pröll, Dipl. Kinderkrankenschwester
Alois Mock, Vizekanzler und Außenminister a.D.
Gottfried Helnwein, Künstler
Elfriede Ott, Schauspielerin und Regisseurin
Franz Posch, Volksmusiker und Moderator
Martha Butbul, Jazz Gitti, Sängerin
Heinz Hanner, Gastronom
Peter Turrini, Schriftsteller

Gesine Tostmann, Unternehmerin
Gunnar Prokop, Handballtrainer-Legende
Marianne Mendt, Sängerin und Schauspielerin
Viktor Gernot, Kabarettist und Schauspieler
Siegfried Ludwig, Landeshauptmann a.D.
Monika Langthaler-Rosenberg, Unternehmensberaterin
Fritz Muliar, Schauspieler und Regisseur
Michael Birkmeyer, Tänzer und Intendant
Ernst Höger, Landeshauptmann-Stv.a.D.
Simone Stelzer, Sängerin
Lukas Resetarits, Kabarettist und Schauspieler
Kathrin Zettel, Skirennläuferin
Hans Denk, Weinpfarrer
Andy Lee Lang, Musiker
Christian Kolonovits, Komponist und Dirigent
Josef Floh, Gastronom
Roland Neuwirth, Musiker
Ernst Strasser, Präsident des NÖ Hilfswerks
Ulli Beimpold, Schauspielerin
Mercedes Echerer, Schauspielerin
Andy Marek, Stadionsprecher
Herbert Prikopa, Musiker und Schauspieler
Kurt Sobotka, Schauspieler und Kabarettist
Nina Blum, Schauspielerin
Wolfram Pirchner, Moderator
Michaela Dorfmeister, ehemalige Skirennläuferin

Impressum

2007 Österreichischer Agrarverlag Druck- und Verlagsges.m.b.H. Nfg. KG,
Sturzgasse 1A, A-1141 Wien, E-Mail: buch@avbuch.at, Internet: www.avbuch.at

Die Deutsche Bibliothek – CIP-Einheitsaufnahme
Die Deutsche Bibliothek verzeichnet diese Publikation in der Deutschen Nationalbibliografie; detaillierte bibliografische Daten sind im Internet über http://dnb.ddb.de abrufbar.

Projektleitung: Karl Hohenlohe
Redaktion: Paul Golger, Nina Kaltenbrunner

Bildnachweis: Private Archive

Druck und Bindung: AV + Astoria Druckzentrum, Wien
Printed in Austria

ISBN 978-3-7040-2274-5